Anette Baumgarten

Alltagsmagie

Rituale, Rezepte, Anleitungen

READ GLOBAL BUY LOCAL

MIX
Papier | Fördert gute Waldnutzung
FSC® C118234
FSC www.fsc.org

ISBN 978-3-99025-452-3

Layout_ freya_art, Mag. Regina Raml-Moldovan
Lektorat: Mag. Dorothea Forster
Fotos: Sven Baumgarten (www.verbildert.de),
weitere siehe Seite 256

printed by GPS-Group

Anmerkung: Dieses Buch enthält Rezepte und Anleitung aus Magie und Volksbrauchtum. Trotz sorgfältiger Recherche sind diese alle ohne Gewähr. Alle in diesem Buch beschriebenen Zauber und Hinweise haben lediglich informativen Charakter. Eine Durchführung der beschriebenen Anwendungen findet in Eigenverantwortung des Lesers statt. Die Hinweise, Rituale und Rezepte sind nicht dazu gedacht die Diagnose einer Krankheit oder eines Leidens sowie deren medizinische Behandlung zu ersetzen. Im Falle einer Erkrankung ist ein Arzt/eine Ärztin zu konsultieren. Eine Haftung der Autorin, des Verlages oder seiner Beauftragten ist ausgeschlossen.

Anette Baumgarten
AllTags
Magie
Rituale
Rezepte
Anleitungen
freya

INHALT

Zauber

DANKE

Viele wunderbare Menschen haben mich bei der Entstehung dieses Buches unterstützt. An erster Stelle steht hier mein Mann Sven Baumgarten, der mich nicht nur stets motiviert und meine Seele wärmt, sondern der auch all die wundervollen Fotos beisteuert, die dieses Buch überhaupt erst vervollständigen.

Außerdem möchte ich meinen KursteilnehmerInnen danken, die mir stets Inspiration und Ansporn sind.

Großer Dank gilt auch einer lieben Freundin Luisa Dietrich, die als eine der Ersten mein Manuskript gelesen und es mit ihrem klaren Blick fürs große Ganze so viel besser gemacht hat.

Dieses Buch und auch mein Weg des alltäglichen Zaubers wäre nicht möglich gewesen ohne die Unterstützung meiner Mutter Elke und ihrer beiden Schwestern Ingrid und Brigitte. Sie halfen mir mit der Weitergabe der Verse meiner Familie, sie unterstützten meinen Weg und lehrten mich, dass es mehr gibt zwischen Himmel und Erde als die sichtbare Welt.

EINLEITUNG

Magie, Zauber und Zaubersprüche faszinieren uns Menschen seit Jahrtausenden, vielleicht schon solange es uns Menschen gibt. Was ist dran am Zauber? Kann man mit magischen Worten und zauberischem Handeln wirklich die Welt um sich herum beeinflussen? Lässt Wirklichkeit sich damit wandeln? In vielen Erzählungen begegnet uns vor allem die komplexe und gelehrte Magie der Antike oder des Mittelalters, dabei gab es daneben auch immer die sogenannte Volksmagie. Hierbei handelt es sich um Zauber, Sprüche und Zeichen, die den Menschen den Alltag einfacher machen sollen. Bei der Alltagsmagie geht es vor allem um Schutz, Gesundheit, Wohlstand oder auch Liebe – um die ganz alltäglichen Dinge.

Alltagsmagie gibt es auf der ganzen Welt. Sie ist meist etwas losgelöst von den lokalen, religiösen Überzeugungen, dafür aber fest verwachsen mit Mythen und Brauchtum. Der Unterschied zwischen Magie und

Aberglaube liegt im Bewusstsein und im Verstehen der eigenen Handlung. Aberglaube ist nahezu unbewusst und folgt einem festen Dogma. Das macht man eben so und anders bringt es Unglück. Magie hingegen erhöht das Bewusstsein. Sie folgt bestimmten Prinzipien und entfaltet Wirkmacht. Der magiewirkenden Person ist bekannt, warum ihr Zauber Wirkmacht entfaltet und auf welchen Prinzipien er beruht.

Ich bin in einer Familie aufgewachsen, in der das Besprechen von kleineren (und größeren) Wehwehchen gang und gäbe war. Mein Großvater, ein ganz solider Handwerksmeister, der noch vor dem Ersten Weltkrieg geboren wurde, brachte diese Sprüche und Lieder mit aus seiner Heimat in Pommern. Die Leute kamen bei ihm zur Vordertür, wenn es ums Handwerk ging, und sie kamen zur Hintertür, wenn sie eine Warze oder eine Hautrose besprochen haben wollten. Meine Großmutter, die selber auch ein wenig besprechen konnte, setzte diesem Treiben irgendwann eine Ende, denn sie fürchtete um die Gesundheit meines Großvaters und dass er sich womöglich übernehmen könnte. Mein Großvater hat aber natürlich nicht nur Fremde besprochen, ein besonderes Bedürfnis war es ihm stets seine liebe Frau, meine Oma, zu besprechen und zu segnen, dies hat er auch bis zu seinem Tod in hohem Alter getan. Ihre Sprüche und vielleicht auch einen Teil ihrer Kraft gaben meine Großeltern an ihre Töchter weiter und diese dann später an mich.

In meiner engsten Familie sind solche Dinge immer noch ganz normal. Seit ich Teenager bin, lege ich Karten für meine Tanten, Freundinnen und auch für Fremde. Später begegnete mir dann der nordisch-schamanische Weg und auf diesem bin ich, spirituell gesehen, wahrhaftig zu Hause. Aber ich bin auch eine große Freundin der selbstermächtigenden Alltagsmagie, mit ihren Kerzenzaubern, magischen Zeichen, Sprüchen, Gebeten und Liedern. Diese beiden Pfade können für sich alleine stehen, doch sie ergänzen sich auch aufs Wunderbarste. Doch ob mit oder ohne schamanischen Hintergrund, das Wissen um diese alten Sprüche und Handlungen kann ein mächtiges Werkzeug sein und eine große Unterstützung im Alltag.

MAGISCHES DENKEN UND WIRKEN

Was heißt eigentlich Magie?

Das Wort *Magie* fand über griechisch *mageía* (weise, magisch) und lateinisch *magia* (Zauber, zaubern) zu uns. Beiden Begriffen liegt vermutlich das altpersische *Magus* zugrunde, dass allem Anschein nach eine Priesterkaste aus dem Nordwesten des heutigen Irans bezeichnete. Sprachlich liegt dem Begriff Magie die indoeuropäische Wurzel **magh*- mit der Bedeutung *können, vermögen, helfen* zugrunde. Zur selben Wortfamilie gehören die heutigen Begriffe *Vermögen, mögen* und *Macht*.

Umgangssprachlich werden Zauber und Magie synonym verstanden. Beide, so behauptet es das Wörterbuch, bedeuten:

> *übernatürliche Wirkung, magische Manipulation, die nicht den Naturgesetzen unterliegt; unerklärlicher Vorgang*[1].

Ich möchte dem widersprechen. Magie mag uns zunächst unerklärlich erscheinen oder sogar übernatürlich, aus meiner Erfahrung heraus bin ich jedoch überzeugt, dass Magie etwas ganz und gar Natürliches ist. Sie folgt klaren Prinzipien und Regeln. Magie ist ein Werkzeug, das, achtsam und mit Konzentration geführt, das Leben erfüllter und vollständiger machen kann. Zauber, der zum Wohle wandelt, ist von den Göttern, Geistern und Ahnen gesegnet. Es ist unser angestammtes Erbe, als Wesen der geistigen wie der materiellen Welt Zauber zu wirken, um unsere Wirklichkeit zum Wohle zu wenden.

Magie im Einklang

Alles, was existiert, ist auch beseelt, erfüllt von Kraft und Zauber. Es ist verbunden durch ein Netz aus Schicksal, Seelenkraft und Klang. Mit gutem Zauber wollen wir achtsam an diesem Gewebe rühren. Als Mensch ist unser Einfluss da begrenzt. Uns fehlt der Überblick darüber, was es WIRKLICH braucht, um in Harmonie und zum Besten aller Wirklichkeit zu manifestieren. Magie, die in Harmonie mit diesem Gewebe gewirkt wird und die offen bleibt für das große Ganze, stößt auf weniger Widerstand als ein Zauber, der sich aus rein egoistischen Motiven speist.

Mein Weg der Alltagsmagie bezieht aus diesem Grund immer das große Ganze mit ein und bittet höhere Mächte als den menschlichen Geist mit seiner Beschränktheit um Hilfe und Beistand. Ich rate sehr dazu, sich beim magischen Wirken in Gedanken mit höheren Instanzen zu verbinden, mit Kräften, an die du glaubst und denen du vertraust. Dies können Götter und Göttinnen sein, das Universum selbst, das All-eine, Schutzgeister, Fylgjur[2], Krafttiere oder was auch immer dir im Einzelnen passend erscheint und welcher Kraft du dich nahe fühlst.

Selbstverständlich können wir auch aus uns selbst heraus magische Kraft wirken und Veränderungen bewirken. Jedoch sind die Möglichkeiten meiner Erfahrung nach größer und segensreicher, wenn wir Hilfe von der anderen Seite haben. Wir können in unser magisches Wirken Hilfe aus der Harmonie allen Seins einfließen lassen. Dazu müssen wir uns nur mit diesen höheren Mächten verbinden und ihnen Einfluss auf den harmonischen Fluss des Zaubers gewähren, statt alles selbst kontrollieren zu wollen. Manchmal reicht dazu schon ein Zusatz wie *zum Besten aller* oder *mit dem Segen von XXX**. Dadurch stellen wir sicher, dass unser Tun nicht nur oberflächlich positiv erscheint, sondern wahrhaftig in der Tiefe zum Wohle wirkt. Außerdem sollte die eigene (Lebens) Kraft von der Zauber wirkenden Person möglichst nicht übertragen werden, da sie dies selbst anfällig für Krankheit und Schwäche macht.

* Hier die Namen der höheren Macht, der Gottheiten, Geistwesen oder Ahnen einfügen, an die du glaubst und deren Hilfe und Segen du anrufen möchtest.

Besser ist es sich mit den eigenen Göttern, Geistern und Ahnen zu verbinden und ein Kanal für deren Kraft zu sein.

Magie wird und wurde schon immer, nicht nur zum Wohle, sondern oft auch zum Schaden verwandt. Es gibt zahlreiche überlieferte Beispiele für Zauber zum Schaden, sei es aus Rache, Gier, Angst oder Wut. Aus manchen Gegenden der Welt gibt es Berichte über regelrechte Kriege zwischen Magiewirkenden. Die Entscheidung über die persönliche Ausrichtung des magischen Tuns kann letztlich immer nur jede magiewirkende Person für sich selbst treffen. Jede muss sich am eigenen moralischen Kompass ausrichten und die Verantwortung für das eigene Handeln, Wollen und Wünschen übernehmen. Mein eigenes Wirken und die vorgestellten Zauber in diesem Buch orientieren sich am Wunsch zum Wohle, auch im größeren Sinne, zu handeln und laden darum immer dazu ein, sich auch mit den höheren Kräften des Universums zu verbinden.

Neben der inneren Grundeinstellung zum Zaubern ist es für die magische Praxis unumgänglich zu wissen, wie Zauber im Hier und Jetzt verankert werden können. Nur so können sie ihre Wirkung in der materiellen Welt entfalten. Dies kann durch eine brennende Kerze, eine Geste, ein Symbol, Gesang oder was auch immer geschehen. Verschiedene dieser Möglichkeiten möchte ich dir in diesem Buch vorstellen und nahebringen.

Die Prinzipien der Magie

Der Begriff *Prinzip* (Plural: Prinzipien) stammt aus dem Lateinischen. *Principium* bedeutet Anfang, Beginn, Ursprung, Grundsatz. Die (Alltags) magischen Prinzipien sind die Grundsätze, in denen spätere Zauber ihren Ursprung haben. Sie sind die Basis aller magischen Handlungen und bilden den Rahmen für das magische Weltbild. Ohne magisches Weltbild können Zauber nicht sinnvoll gewirkt werden. Einmal verinnerlicht, wirst du mit ihnen schon bald eigene wirkmächtige Zauber entwickeln. Es gibt verschiedene magische Prinzipien und Denkmuster, derer man sich bedienen kann.

Zu den häufigsten magischen Prinzipien gehören:

- **Das Prinzip der Ähnlichkeit** – Was sich ähnelt, ist verbunden. Dieses Prinzip wird auch Sympathiemagie genannt und liegt sehr vielen magischen und auch einigen therapeutischen Richtungen zugrunde.

- **Das Prinzip des Gegensatzes** – Eine Kraft wirkt gegen eine andere Kraft.

- **Das Prinzip der Berührung** – Berührung schafft Verbindung. Dieses wird zum Beispiel beim Ausstreichen oder Handauflegen deutlich.

- **Das Prinzip der Stellvertretung** – Ein Teil für ein Ganzes. Etwas für ein Anderes. Alles, das mal eins war, ist immer noch miteinander verbunden und kann stellvertretend für das Ganze stehen. Auch etwas Ähnliches kann etwas anderes vertreten.

- **Das Prinzip der Belebtheit** – Alles ist beseelt.

- **Das Prinzip der besonderen Kraft** – Einiges hat besondere, verborgene Kräfte und Fähigkeiten.

- **Das Prinzip der Aufmerksamkeit** – Energie folgt der Aufmerksamkeit.

Das Prinzip der Ähnlichkeit besagt, dass Dinge, die einander ähneln, auch miteinander verbunden sind. Dazu gehört zum Beispiel die Überzeugung, dass alles, was sich verstärken oder vergrößern soll, am besten während zunehmenden Mondes geschieht, während alles, was schwinden bzw. sich verringern soll, jedoch während abnehmenden Mondes geschehen soll. Caesar erzählt über die Germanen, dass diese sich weigerten, bei abnehmendem Mond Schlachten zu schlagen, da in diesem Zeitraum auch ihr Schlachtenglück schwinden würde. Zum Prinzip der Ähnlichkeit gehört ebenfalls, dass bestimmte Eigenschaften einer Sache besonders ähnlich und daher mit dieser verbunden sind. Auf diesem Prinzip beruhen beispielsweise die bekannten Nazar-Amulette aus dem Nahen Osten, die auch *Auge der Fatima* genannt werden. Die augenförmigen Amulette sollen vor dem bösen Blick schützen. In vielen Ländern werden seltene Augenfarben (etwa blaue Augen) mit dem bösen Blick assoziiert. Das Nazar-Amulett, das einem blauen Auge nachempfunden ist, soll diesen unheilvollen Blick auf sich ziehen, ablenken und den Träger oder die Trägerin davor schützen.

Beim ***Prinzip des Gegensatzes*** ist es hingegen genau umgekehrt. Hier verdrängt oder besiegt eine Kraft eine andere. Zum Beispiel wirkt Wasser gegen Feuer. Eine Wand verhindert einen Angriff von außen usw. Der zunehmende Mond lässt die Krankheit verschwinden, weil seine Kraft sie verdrängt. Stattdessen stärkt der Mond die Kraft der magiewirkenden Person. Warzen werden oft nach dem Prinzip der Ähnlichkeit bei abnehmendem Mond besprochen, weil man voraussetzt: Warze rund = Mond rund. Wenn der Mond schwindet, schwindet auch die Warze. Wenn nun die Magiewirkende ihr eigenes Mindset verändert und ihre Aufmerksamkeit entsprechend lenkt, kann auch mit dem Prinzip des Gegensatzes gewirkt werden. Dann unterstützt der zunehmende Mond die Magiewirkende. Der Mond kann bei Anwendung dieses Prinzips zum Gegensatz der Warze werden. Nimmt der Mond zu, nimmt die Warze ab.

Mit dem Prinzip des Gegensatzes wirkt zum Beispiel dieser überlieferte Spruch:

Blicke hinauf zum zunehmendem Mond, streiche drei Mal kreuzförmig über die Warze und sprich dabei jeweils:

Was ich sehe, das gewinnt,
was ich fühle, das verschwind.
Mit der Kraft von 3 x 3!

Anschließend drei Mal kräftig über die Warze pusten.
Fieber (gleichgesetzt mit Feuer) kann nach diesem Prinzip mit Wasser oder mit Kälte gelöscht werden.

Das Prinzip der Berührung geht davon aus, dass eine äußere Berührung eine innere Verbindung herbeiführt. Dies ist etwa beim Handauflegen, beim Heilströmen u. Ä. der Fall. Der Glaube, dass sich Kraft wirkmächtig in den Händen sammeln und von dort übertragen werden kann, ist sehr alt. Genau wie die Überzeugung, dass sich durch Berührung, zum Beispiel mit einem Ei, Krankheit und Leid auch darauf übertragen lassen.

Dieser Spruch aus dem 19. Jahrhundert ist ein Beispiel, bei dem die Berührung auch im Zauberspruch selbst genannt wird:

Ich greif an die Haut,
ich greif an das Fleisch,
ich greif an das Bein,
ich greif an das Mark und Blut,
das ist für alle Schwinden gut.[3]

Greifen, Berühren, Streichen, Pusten oder Auflegen werden mit solchem oder einem ähnlichen Spruch durch Worte der Kraft noch weiter verstärkt. Der Griff an die Haut ist dabei stellvertretend für die anderen im Spruch genannten *Griffe*.

Das Prinzip der Stellvertretung oder auch *ein Teil für ein Ganzes*. Hier wird ein Teil von etwas so behandelt, als wäre es das Ganze. Damit sind z. B. Fingernägel, Haare, Speichel, Blut oder auch persönliche Besitztümer gemeint, die im magischen Denken immer noch mit der Person verbunden sind, von der sie stammen. Auf diese Weise repräsentieren sie die Person als Ganzes und das, was dem Teil passiert, geschieht auch mit dem Ganzen. Auch bei den Germanen galten Blut oder Speichel als Träger der Seelenkraft und sie zu vermischen konnte beispielsweise Lebens- und Schicksalsgemeinschaft herbeiführen. Nicht nur abgetrennte Teile können jedoch mit etwas verbunden sein, sondern einzelne Vertreter oder gar Stellvertreter können für eine gesamte Gattung stehen. So wird in einigen Regenzaubern beispielsweise Wasser vergossen, da dieses in der Vorstellung der Magiewirkenden direkt mit *Wasser* als Gesamtheit verbunden ist – und somit auch mit dem Regen. Auch kann z. B. eine Kerze, eine Figur oder eine Puppe stellvertretend für eine Person stehen.

Die Beseeltheit der Welt ist eine weitere Grundannahme in der magischen Praxis. Allgemein als unbelebt geltende Objekte, Naturkräfte und auch Pflanzen sind von wirkenden, willensmäßigen, fühlenden, personifizierten und nicht personifizierten Kräften erfüllt. Unbelebtes wird als belebt und beseelt angesehen: Berge, Vulkane, Steine, Wellen, Regen, Pflanzen, aber auch Unwetter oder Krankheiten. Dadurch kann eine Krankheit, ein Leid auch *wegbefohlen* werden.

Beim Prinzip der besonderen Kraft geht es darum, dass manchen Gegenständen, Handlungen oder auch bestimmten Personen eine ganz besondere Kraft oder Wirkmacht zu eigen ist. Diese rührt häufig vom sakralen, heiligen oder besonderen Charakter der Dinge her. Oder sie zeichnen sich durch Seltenheit (vierblättriges Kleeblatt), ihre Herkunft oder ihr Alter aus. Bei Personen kann es ihre persönliche Ausstrahlung sein, aber auch ihr gesellschaftlicher Rang, der eine Besonderheit darstellt. Kraft kann auch durch besondere Handlungsweisen, durch Regeln und Verbote vermehrt werden oder durch das Brechen dieser Verbote auch genommen oder gestört werden. In den irischen Mythen gibt es z. B. das Geis[4], eine Art persönliches magisches Gesetz. Das Befolgen eines bestimmten Geis' kann Kraft und Wirkmacht erzeugen. Wenn das Geis jedoch gebrochen wird, verflüchtigt sich auch die Kraft. Die Geschichte des irischen Helden Cú Chulainn (Hund von Chulainn) erzählt, wie dieser zwei Gessi zu befolgen hatte und durch diese unbesiegbar im Kampf war. Cú Chulainn durfte 1. kein Gastmahl ablehnen und 2. niemals Hundefleisch essen. Einige seiner Feinde haben die Gessi herausgefunden und ihn in eine unlösbare Zwickmühle gebracht. Drei Frauen (Hexen?) luden ihn am Vorabend einer Schlacht zum Essen an ihr Feuer ein. Sie bereiteten Hundefleisch zu. Eines seiner Gessi musste Cú Chulainn nun brechen. Er verlor seine besondere Kraft und wurde nach schwerem Kampf in der Schlacht am nächsten Tag erschlagen.

Das Prinzip der Aufmerksamkeit besagt, dass die Kraft oder Energie stets dahin fließt, wo auch die Aufmerksamkeit ist. Je aufmerksamer und fokussierter gehandelt wird, umso besser ist das magische Ergebnis. Daraus folgt ganz selbstverständlich, dass in Ritual und Zauber ausschließlich Dinge verwendet werden sollten, die den Geist und die Konzentration der magiewirkenden Person in die gewünschte Richtung fokussieren. Alles, was verwendet wird, muss für die Magiewirkende Sinn ergeben und mit Ziel und Absicht verbunden sein.

Welchem der Prinzipien genau ein Zauber oder ein magisches Ritual folgt, ist eine Frage des *Mindsets* der Wirkenden. Kann dieses gut mit dem Prinzip des Gegensatzes, unterstützt dieses die Aufmerksamkeit und den Fluss der Energien, dann ist dies das richtige Prinzip.

Wirkt jemand dagegen lieber mit der Kraft der Sympathie (Ähnlichkeit), dann findet das Prinzip der Ähnlichkeit Anwendung. Es ist keine Frage, welches Prinzip per sé stärker oder besser ist, sondern vor allem geht es darum, welches Prinzip der magischwirkenden Person am kraftvollsten erscheint. Welches Prinzip hilft die Aufmerksamkeit und damit die Energien zu konzentrieren und zu lenken!

REINIGUNG, SCHUTZ UND SEGEN

Neben Wasser und Nahrung sind unsere wichtigsten Bedürfnisse als materielle, lebendige Wesen (relative) Sicherheit, Frieden, Gesundheit und Schutz. Dies ist heute nicht anders als vor 1000 oder 10.000 Jahren. Diese Dinge wünschen wir uns nicht nur für uns selbst, sondern auch für unsere Lieben. Aus diesem Grunde nehmen Schutz- und Segenszauber einen relativ großen Raum ein in der Alltagsmagie.

Im alltäglichen Leben spielen Hygiene und Sauberkeit für die Gesundheit und den Schutz vor Krankheit eine große Rolle. Auch die meisten Menschen finden Sauberkeit eher anziehend und Schmutz abstoßend. Unwillkommene Gäste wie manche Insekten, schädliche Bakterien, Viren etc. werden davon angezogen. Ganz ähnlich verhält es sich im magischen Weltbild. Aus diesem Grund ist Reinigung ein so wichtiger erster Schritt.

Magische Reinigung

Der persönlichen magischen Reinigung kommt in nahezu allen spirituellen Richtungen eine grundlegende Bedeutung zu. Persönliche spirituelle Hygiene steht am Anfang jeder magischen Praxis. Meiner Erfahrung nach schaut man auf dieses Thema am besten ganz pragmatisch. Unser ganz normaler materieller Alltag hinterlässt sicht- und unsichtbare Spuren. Es ist für die meisten ganz selbstverständlich, sich täglich zu waschen und saubere Kleidung anzuziehen. Regelmäßiges Händewaschen ist nicht nur für das persönliche Wohlgefühl wichtig, sondern es beugt auch vielen Erkrankungen vor. Wie bei allen Dingen kommt es auf das richtige Maß an, zu häufiges Waschen kann ebenfalls schädlich sein.

Dieselben Regeln gelten im Grunde für die spirituelle Reinigung. Das ganz normale Leben hinterlässt Spuren und mit verschiedenen Methoden kann man sich von diesen alltäglichen, aber dennoch störenden Spuren lösen. Vergleichbar mit dem Waschen von mehligen Händen nach dem Brotbacken. Diese spirituellen Spuren können ganz unterschiedlichen Ursprungs sein. Ärger, Neid und Streit gehören zu den spürbarsten Verursachern, aber auch der ganz normale Alltag hinterlässt seinen seelischen Staub auf uns. Es gibt zahlreiche Methoden, um sich von dem Reisestaub des Alltags, aber auch von hartnäckigeren Verschmutzungen zu befreien.

Hinweise und Anleitungen dazu findest du ab Seite 120.

Nach einer Reinigung sollten immer Schutz und Segen erfolgen, so wie man sich nach der Dusche eben wieder anzieht.

Schutz

Wie die Reinigung ist auch der alltägliche Schutz für die meisten Menschen etwas ganz Selbstverständliches. Kleidung dient dem Schutz vor der Witterung, aber auch vor allzu neugierigen Blicken, Türen dem Schutz vor ungebetenen Besuchern und der Airbag im Auto soll vor möglichen Verletzungen schützen. Ganz ähnlich verhält es sich mit dem magischen Schutz. Es gibt den alltäglichen Schutz, der wie die Kleidung, die wir tragen, immer bei und um uns ist, immer angepasst an die Umstände. Kaum jemand wird in eine Ritterrüstung eingepackt zum Einkaufen gehen, aber auf dem Fußballfeld macht es dann doch Sinn, sich mit zusätzlichem Schutz auszustatten. Daneben gibt es Schutz für das Zuhause und Schutzzauber, die nur für den Fall der Fälle in Erscheinung treten. Vor dem Schutz sollte immer die Reinigung stehen.

Die Schutzzauber finden sich im Anleitungsteil ab Seite 139.

Segen

Das Wort Segen ist entlehnt von lateinisch *signum – Zeichen, Abzeichen, Kennzeichen*. Als Segen werden in vielen Religionen Handlungen, Gebete und Riten bezeichnet, bei denen jemandem oder etwas göttliche Kraft zuteilwerden soll. Dabei kann es um Glück oder Gesundheit gehen, eine sichere Reise oder ganz allgemein um Schutz, Frieden und gutes Gedeihen. Der Fluch ist das genaue Gegenteil des Segens. Segen können ausgesprochen werden, durch Handauflegen oder auch mit heiligen oder zauberischen Zeichen übertragen werden. In der Zeit der Hexenverbrennungen galt das außerkirchliche *Segensprechen* als verboten, dennoch gibt es zahlreiche überlieferte Zaubersegen. Die Absicht des Segens ist, den Menschen, Dingen und künftigen Ereignissen eine positive Richtung zu schenken.

Segenssprüche und Handlungen finden sich im Anleitungsteil.

ZAUBERN MIT KOSMISCHEN KRÄFTEN

Von den magischen Zeiten

Schon immer war es in magischen Weltbildern von großer Bedeutung, WANN der richtige Moment für welches Ritual und welchen Zauber ist. Die Antwort ist abhängig von DEINEN Überzeugungen und von den Kräften, die DEIN Leben bestimmen. Unter den Magiewirkenden gibt es dazu unterschiedliche Überzeugungen, je nach kulturellem Hintergrund, Lebensraum und persönlicher Erfahrung.

Den verschiedenen germanischen Stämmen sagt man dank Caesars Bericht im Bello Gallico nach, dass sie sich vor allem nach den Mondphasen richteten. Ein Beiname des Mondes war Jahres- oder Zeitzähler. Der richtige Zeitpunkt wurde daher vom Stand und der Phase des Mondes abgeleitet. Alles, was sich vermehren sollte, wurde eher bei zunehmendem Mond vollzogen und alles, das sich verringern sollte, wurde eher bei abnehmendem Mond gemacht. Diese Handlungsweise entspricht dem Prinzip der Ähnlichkeit. Von dieser Sicht rührt auch die häufige Sitte Warzen bei abnehmendem Mond zu besprechen. Bei den nordischen Stämmen begann auch der Tag nicht am Morgen, mit dem Sonnenaufgang, sondern NACH Sonnenuntergang mit der Dunkelheit. Aus diesem Grund beginnen in vielen nordeuropäischen Ländern Feiertage immer noch am Abend vorher, z. B. Halloween (All Hallows Eve) am Abend VOR Allerheiligen oder die erste Weihnacht beginnt am 24. Dezember – am heiligen Abend.

In der altnordischen Magie liegt daher der Anfang von etwas in der Dunkelheit, am oder um den Neumond herum und die Kraft steigt dann langsam an, um bei Vollmond ihren Höhepunkt zu erreichen. Es wäre jedoch nicht richtig zu glauben, die germanischen Stämme hätten ihre heiligen und besonderen Zeiten allein nach dem Mond ausgerichtet, vielmehr gab es ein Kalendersystem, das Sonnen- und Mondlauf miteinander verband. Anhand einiger Überlieferungen und Quellen lässt sich zeigen, dass sich in den Festdaten ein mythologisches Gleichgewicht zwischen Sonne, Mond und Erde ausdrückte.

Im afroamerikanischen Hoodoo[5] richtet man sich dagegen vor allem nach der Sonne. Wenn sie im Steigen begriffen ist, zaubert man für die Vermehrung und Stärkung von etwas. Ist die Sonne im Sinken begriffen, dann zaubert man, dass etwas abnehmen oder verschwinden soll. Andere magisch Wirkende zaubern wiederum mit Ebbe und Flut, einige mit den Jahreszeiten oder mit dem Auf- und Absteigen der Zeiger einer Uhr. Beim Zaubern mit Uhr, Mond, Gezeiten oder Sonne gilt meistens, dass alles Bannende oder Vertreibende bei abnehmender Kraft (abnehmender Mond, Ebbe, nachmittags) gemacht wird. Alles, das man anziehen will, wird bei zunehmender Kraft gerufen. Auch die Tage der Woche, die aktuelle kosmische Wetterlage, Feier- und Heiligentage oder astrologische Abläufe können für die Wahl des richtigen Zeitpunktes herangezogen werden.

Horche in dich selbst hinein, mit welcher der möglichen Verknüpfungen du dich am ehesten verbunden fühlst. Du kannst auch experimentieren und anhand der Ergebnisse feststellen, was für dich besonders gut funktioniert.

Die Kräfte von Sonne und Mond

Die zwei großen Himmelskörper Sonne und Mond haben für das Leben auf der Erde eine spürbar große Bedeutung. Daher möchte ich darauf im Folgenden etwas genauer eingehen.

Die Erde dreht sich beständig um die Sonne. Ein voller Umlauf der Erde um die Sonne dauert etwa 365 Tage, also ein Jahr. Gleichzeitig dreht sich die Erde um die eigene Achse. Solch eine vollständige Achsumdrehung dauert etwa 24 Stunden, d. h. einen ganzen Tag.

Tagsüber erhellt die Sonne die Welt und überstrahlt am Himmel meist alle anderen Sterne und Planeten. Des Nachts können von der Erde aus noch andere Himmelskörper beobachtet werden. Der uns nächste, und dadurch auch der größte und auffallendste, ist natürlich der Mond. Ein spannender Zufall ist es, dass von der Erde aus gesehen Sonne und Mond etwas gleich groß erscheinen, obwohl die Sonne eigentlich um ein Vielfaches größer ist als der Mond. Der Mond umkreist die Erde (wie die Erde die Sonne) und begleitet sie so beständig auf ihrer Reise um die

Sonne und durch den Kosmos. Ein vollständiger Mondumlauf um die Erde dauert dabei im Durchschnitt 29,5 Tage und ist nicht immer gleich lang.

Während der Mond die Erde umkreist, ist jederzeit eine Hälfte seiner Kugel beleuchtet, wie viel der beleuchteten Halbkugel wir auf der Erde sehen können, ist abhängig von der jeweiligen Position des Mondes zur Sonne auf seiner Erdumlaufbahn. So entstehen die verschiedenen Mondphasen.

Der Umlauf des Mondes um die Erde ist deutlich kürzer als der Umlauf der Erde um die Sonne. In der Zeit, die die Erde für eine vollständige Sonnenumrundung benötigt (ca. 365 Tage), umläuft der Mond die Erde etwa zwölf Mal (ca. 354 Tage) vollständig, zuzüglich ca. 11 weiterer Tage bzw. 12 Nächte. Da der Wechsel der Mondphasen deutlich leichter zu beobachten ist als das Sonnenjahr und die Sonnenwenden, ist der Mondkalender die ältere Form der Jahresberechnung. Jedoch ist ein solcher reiner Mond-Kalender sehr schnell nicht mehr im Einklang mit dem Sonnenlauf und damit mit den Jahreszeiten. Wenn in diesem Jahr vielleicht noch der 6. Vollmond der Sommermond ist, dann ist dieser in nur neun Jahren schon der Erntemond und nochmal 9 Jahre später ist dann der 6. Mond im Jahr mitten im Winter. Aus diesem Grunde wurden schon früh in der Geschichte der Menschen sonnengebundene Mondkalender eingeführt. Hierbei wird das Mondjahr an eine der fixen Sonnenwenden angebunden. Jahresbeginn ist dann immer zu einer der Sonnenwenden. In Europa war dies meist die Wintersonnenwende. Denn genau wie der Tag in der Nacht beginnt, so fängt auch das neue Jahr in der dunkelsten Zeit an. Auf diese Weise werden die Mondläufe in Beziehung gesetzt zur Wintersonnenwende.

Der sonnengebundene Mondkalender der Germanen

In den nordisch-germanischen Kalendern begann das neue Jahr zum Neumond, der auf die Wintersonnenwende folgte. Durch Beobachtung stellte man fest, dass wenn es innerhalb der ersten 12 Nächte NACH der Sonnenwende bereits zu einem Neumond kommt, es volle 13 (statt nur 12) Mondläufe bis zur nächsten Wintersonnenwende geben wird, also einen Mondlauf mehr. Es braucht daher regelmäßig einen Schaltmonat, einen zusätzlichen Monat, damit der Kalender wieder stimmt. Bei den germanischen Stämmen wurde dieser, nach den Kalendern, die wir rekonstruieren können, im Sommer eingeschoben. Durchschnittlich ist dies alle 2,5 Jahre der Fall.

Bei dieser germanischen Kalenderrechnung *wartet* die zur Sonnenwende neugeborene Tochter der Sonne jedes Jahr eine Zeitlang auf den Mond. In dieser Zeit steht das Sonnenrad im übertragenen Sinne still. Natürlich steht es nicht wirklich still, die Sonne bewegt sich ja ab der Sonnenwende merklich weiter. Dieses rituelle *Warten* auf den Mond und auch der Zeitraum, in dem sich zeigt, ob das nächste Jahr ein Schaltjahr wird, das sind die zwölf Raunächte.[6]

Für die germanischen Stämme bestimmte also die Sonne die Jahreszeiten, die Fruchtbarkeit in Wald und Flur und den Tageslauf. Mit dem Mond und anhand der Mondphasen wurde jedoch die Zeit gemessen und vor allem auch die *richtige* Zeit für die unterschiedlichen Dinge und Angelegenheiten bestimmt, in Abhängigkeit zur Sonne.

In den altnordischen Überlieferungen der Edda werden Sonne und Mond als Personifikationen, als Götter gedacht. Sonne, Sól, ist dabei eine schöne Frau und der Mond, Máni, ist ihr Bruder. Sie werden beide zu den waltenden Mächten und Göttern gezählt.

In der Völuspa, der Weissagung der Seherin, wird Folgendes über die Schöpfung der materiellen Welt (Midgard) erzählt:

4
Bevor die Söhne Burs (die Götter)
Die Lande hoben
Diese, die kostbares Midgard formten.

Sonne (Sol) schien von Süden
auf die Steine der Halle (der Welt)
Dann begannen aus dem Grund zu wachsen
grüne Pflanzen.

5
Sonne eilte aus dem Süden
Zusammen mit Mond;
sie legte ihre rechte Hand um
die Tore der Himmelshengste

Sonne wusste nicht
Welche Hallen ihre waren
Mond wusste nicht
welche Kraft er besaß
Die Sterne wussten nicht
wo ihre Plätze waren.

6
Dann gingen alle waltenden Mächte
zum hohen Stuhl der Ursache
die heiligen Götter
um dies zu besprechen

Nacht und ihren Verwandten
Gaben sie Namen,
Es wird einen Morgen geben und einen Mittag
Nachmittag und Abend, um die Jahre zu zählen.

Sól kommt ganz zu Beginn der Schöpfung aus dem Süden und bringt mit ihrer Kraft Wachstum und Pflanzenkraft. Ihr Bruder Máni kommt gemeinsam mit ihr und zählt die Jahre und die Zeit. Festtage wurden nach dem Mondlauf im Verhältnis zur Wintersonnenwende berechnet und Zeitspannen wurden in Nächten statt wie heute in Tagen angegeben.

In einem anderen Lied der Edda, im Vafþrúðnismál, erfahren wir das Folgende über Sonne und Mond:

Óðinn:
Sag mir als Zweites,
wenn dein Verstand dir ausreicht
Und du, Vafþrúðnir, es weißt:
Woher kam der Mond,
er, der über den Menschen zieht,
und ebenso die Sonne?

Vafþrúðnir:
Zeitreisender wird er genannt,
er ist Monds Vater
Und auch Sonnes;
Durch den Himmel müssen sie jeden Tag reisen,
um die Jahre der Zeiten zu zählen.

Der Vater von Sonne und Mond ist Mundlifari, der Zeitreisende oder der Zeitbewegende. Wachstum und Gedeihen sind an den Verlauf der Zeit und an den Pfad von Sonne und Mond gebunden. Wachstum erfordert die Erfahrung der Veränderung durch die Zeit. Werden und Vergehen und wieder Werden. Beides spiegelt sich im beständigen Wachsen und Schwinden des Mondes, aber auch im Auf- und Untergang der Sonne sowie im Jahreskreis.

Der Mond in Mythen und Überlieferungen

Traditionell wird dem Mond in der Volks- und Alltagsmagie ein besonderer Platz eingeräumt. Um die große Rolle des Mondes zu verstehen, lohnt es sich, in die alten Mythen zu schauen.

Gaius Iulius Caesar berichtet in seiner Schrift *De bello Gallico* über den gallischen Krieg (58 bis 51/50 v. Chr.) und erzählt darin auch über germanische Stämme und Sitten.

In Buch 1, Kapitel 50 heißt es:

> *Als Caesar die Gefangenen fragte, weshalb Ariovist keine Entscheidungsschlacht liefere, erfuhr er das als Grund, daß bei den Germanen der Brauch herrsche, daß ihre Familienmütter durch Losstäbchen und Weissagungen kund täten, ob es von Vorteil sei, eine Schlacht zu liefern oder nicht; diese sprächen folgendermaßen; es sei nicht göttliches Recht (der Wille der Götter), daß die Germanen siegten, wenn sie sich vor dem Neumond in einen Kampf einließen.*[7]

An diesem Ausschnitt lässt sich sehr gut erkennen, wie bedeutsam der Mond und die Mondphasen für die germanischen Stämme waren.

In der älteren Edda, der nordischen Sammlung von Götter- und Heldenliedern, finden wir noch mehr über den Mond.

Im Alvíssmál heißt es:

> *Wie wird der Mond genannt,*
> *den man sieht,*
> *in all den Welten?*
> *Máni heißt er bei den Menschen,*
> *und Mylinn bei den Göttern,*
> *wirbelndes Rad in Hel,*
> *Hastiger bei den Verschlingern (Riesen),*
> *Glanz bei den Zwergen,*
> *die Alfen nennen ihn Jahreszähler.*

In der Edda werden zwei Zwerge unter den ersten Zwergen der Schöpfung genannt, die nach den Phasen des Mondes benannt sind: Nýi und Niði. Ný ist die Bezeichnung für den werdenden, zunehmenden, wachsenden Mond bis zum Vollmond und Nið ist die Phase des abnehmenden, schwindenden Mondes inklusive des vollkommenen Verschwindens des Mondes während des Dunkelmondes. Diese beiden Zwerge, zunehmend(es Licht) und abnehmend(es Licht), könnten die Personifikationen der Mondphasen sein, aber auch die Kräfte der Zeit selbst, wie sie sich eben in Midgard (unserer materiellen Welt) äußern. Mit einer Zeit des Wachsens und Werdens, die in eine Zeit der schwindenden Kraft und des Vergehens übergeht, um dann zyklisch von vorne zu beginnen, ein steter Wechsel von werdend zu schwindend zu werdend. Der alte, schwindende (Nið)Mond vergeht zum Dunkelmond, um kurz danach als Neu(Ný)Mond wiedergeboren zu werden.

Ein Großteil des Mondbrauchtums in Europa orientiert sich an diesem sichtbaren Zyklus aus Wachsen und Vergehen.

Mond-Gottheiten

Beim magischen Wirken mit dem Mond und seiner Kraft kann es hilfreich sein, sich direkt an den Geist oder die Gottheit des Mondes zu wenden, um Kraft und Unterstützung zu erbitten. In unterschiedlichen Kulturen sind die Vorstellungen zu den Mondgottheiten und ihren Eigenschaften jedoch sehr verschieden.

Bei den Griechen wird der Mond, anders als bei den germanischen Stämmen, meist durch eine Göttin verkörpert. Zu diesen Mondgöttinnen zählen Artemis, Danaë, Kallisto oder Selene.

In der römischen Mythologie sind die Mondgöttinnen Luna und Diana. Der Name der Diana setzt sich vermutlich aus Dea Iana zusammen. Iana war einst die weibliche Entsprechung zum ursprünglichen Sonnen- und Lichtgott Ianus. Dieser entwickelt sich erst im Laufe der Zeit zu Janus, dem Gott allen Ursprungs, des Anfangs und des Endes, der Ein- und Ausgänge, der Türen und der Tore, zum Vater aller Dinge (auch der Quellen) und aller Götter.

Die vorislamische, arabische Mythologie kennt sowohl eine Mondgöttin: *Illat* oder *Alilat*, ursprünglich *Han-'Ilat* als auch männliche Mondgötter, u. a. Wadd und Hubal. Wadd wird als Mondgott noch im Koran als *falsche Gottheit* erwähnt. Im vorislamischen Persien ist die Mondgottheit männlich und war bekannt als Māh/Māonghah/Māvangh.

Der hinduistische Mondgott heißt Chandra und wird in Indien verehrt. In den Veden heißt der Mondgott Soma.

Im japanischen Shintoismus ist der Gott (Kami) Tsukuyomi als Mondgott der Bruder von Amaterasu, der Göttin der Sonne.

In der Mythologie der Inka ist Mutter Mond (Quechua: Mama Killa, Aymara: Phaxsi Mama) das weibliche Gegenstück zu Vater Sonne (Quechua: Tayta Inti, Aymara: Willka Tata).

Der altnordische Mondgott heißt Máni und ist der Bruder der Sonne.

Es gibt auf der Welt noch zahlreiche weitere Beispiele, sowohl für männliche als auch für weibliche Mondgottheiten. Ich habe hier nur eine recht willkürliche Auswahl an Mondgottheiten vorgestellt.

Mondphasen

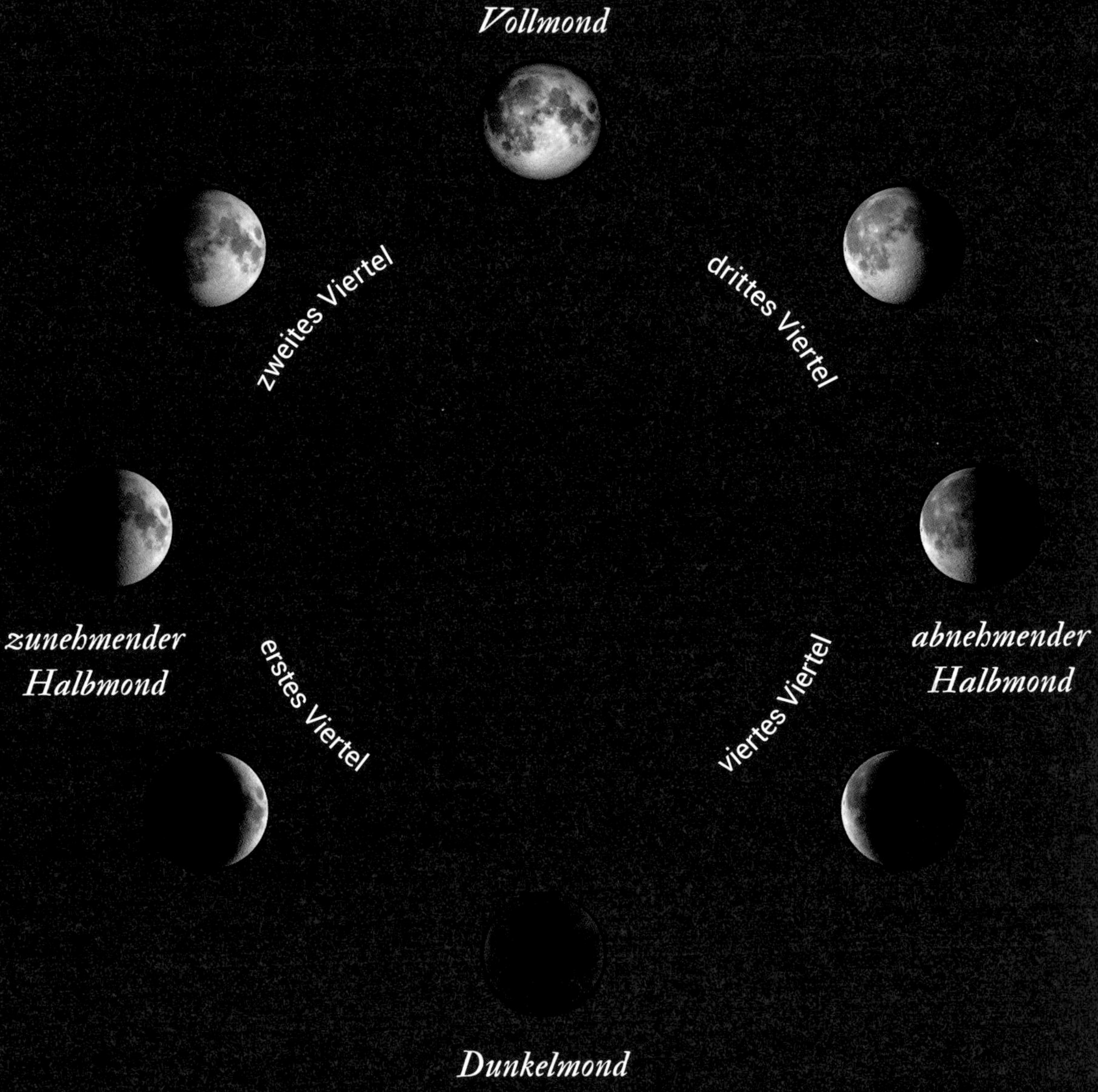
Vollmond
zweites Viertel
dritttes Viertel
zunehmender Halbmond
abnehmender Halbmond
erstes Viertel
viertes Viertel
Dunkelmond

Magisches Wirken mit dem Mond

Wachsendes und schwindendes, traditionelles Wirken mit dem Mond

Heute werden die Zeitpunkte des Mondlaufes rechnerisch bestimmt. Immer gesehen von einem fiktiven Beobachter aus, der sich im Mittelpunkt der Erde befinden würde. Vollmond ist, wenn von diesem fiktiven Blickwinkel aus 100 % der von der Erde aus sichtbaren Mondfläche von der Sonne beleuchtet sind. Dunkelmond ist der Zeitpunkt, zu dem 0 % der von der Erde aus sichtbaren Mondoberfläche von der Sonne beleuchtet sind.

Erstes Mondviertel

Jeder Mondlauf beginnt mit dem Dunkel- oder Neumond. Zu diesem Zeitpunkt ist vom Mond am Himmel (noch) nichts zu sehen, er hat seinen dunkelsten Punkt erreicht. Mit dem Neumond beginnt das erste Mondviertel. Zu Beginn ist das Wachsen des Mondes unsichtbar. Diese Zeit ist besonders geeignet für Zauber wie das Neumondwünschen und vorsichtiges erstes Planen. Es geht um Neuanfänge, Stärkung und um langsames Wachstum. Neue Ideen können jetzt besonders leicht geboren werden und wachsen. Ebenfalls in das erste Mondviertel fällt das Neulicht. Das Neulicht wird nicht berechnet, hier geht es um die erste sichtbare Mondsichel nach dem Neu- oder Dunkelmond. Dies geschieht meist 1–2 Tage nach Neumond. Früher, als man sich noch ganz nach den beobachtbaren Mondphasen gerichtet hat, galt erst das Neulicht als der Beginn des neuen Mondlaufs.

Zweites Mondviertel

Wenn der Mond genau zur Hälfte sichtbar ist, beginnt das zweite Mondviertel, der zunehmende Halbmond. Diese Phase des Mondes ist besonders geeignet für Schutz-, Gesundheits-, Fruchtbarkeits-, Wachstums- und Wohlstandszauber. Ideen, Plänen und Neuanfängen kann man jetzt magisch nochmal einen Schubs in die richtige Richtung verpassen. In diese Phase gehört auch die nochmalige Überprüfung und gegebenenfalls die Korrektur der aktuellen Ausrichtung. Direkt vor dem Vollmond ist die wachstumsfördernde Kraft des Mondes am größten.

Drittes Mondviertel

Das dritte Mondviertel beginnt mit dem Vollmond. Der Mond beginnt ab dem Moment des Vollmondes abzunehmen. In den ersten Tagen ist dies noch kaum merklich. Eine gute Zeit für Entspannung, Entlastung, schamanisches Wirken und Meditation. Stress und Verspannungen kann man in dieser Phase besonders gut hinter sich lassen.

Viertes Viertel

Wenn der Mond nur noch zur Hälfte sichtbar ist, beginnt das vierte Viertel, der abnehmende Halbmond. Dieses Mondviertel dauert bis zum nächsten Dunkelmond. Es ist die passende Mondzeit für Abschied, Abschluss, Loslassen – egal ob es schlechte Angewohnheiten oder bestimmte Themen sind, die wir gehen lassen möchten. In die Phase des abnehmenden Halbmonds fällt auch das Altlicht. Dies ist die letzte sichtbare und sehr schmale Sichel vor dem Dunkelmond. Zwischen Altlicht und Neulicht ist der Mond für uns unsichtbar. Die Zeit zwischen Alt- und Neulicht ist sehr gut für Rückzug, Nachdenken und Neuausrichtung.

Vollmond und Dunkelmond

Beides sind eigentlich nur kurze Momente und bezeichnen den Augenblick, an dem sich Erde, Sonne und Mond in genau einer Linie befinden. Bei Vollmond steht, von der Erde aus gesehen, die Sonne dem Mond genau gegenüber und bei Neumond steht die Sonne, von der Erde aus gesehen, genau hinter dem Mond. Berechnet wird dieser Zeitpunkt von einem hypothetischen Beobachter im Erdmittelpunkt aus. Daher ist überall auf der Welt genau zum gleichen Moment *Vollmond* oder *Neu-*

mond, es unterscheidet sich lediglich die Uhrzeit, je nach Zeitzone. Vollmond und Neumond sind die Momente, in denen der Mond von zunehmend zu abnehmend (Vollmond) und von abnehmend zu zunehmend (Neumond) wechselt. Jeweils zu Voll- und Neumond sind die Wendekräfte des Mondes besonders ausgeprägt und wurden traditionell auch so in der Volksmagie genutzt.

In der Volksmagie gelten meist je 3 Nächte als Voll- oder Neumondnächte, denn unsere Vorfahren errechneten nicht den exakten Zeitpunkt mit dem hypothetischen Beobachter. Sie gingen nach dem beobachtbaren Voll- und Neumond, d. h. als Vollmondnächte galten die Nacht vor dem Vollmond, die Vollmondnacht und die Nacht nach dem Vollmond. Ähnlich galten als Neu- oder Dunkelmondnächte alle Nächte, in denen keine Sichel am Himmel zu sehen war. Also alle Nächte zwischen Neu- und Altlicht.

Vollmondmagie

In den drei beobachtbaren Vollmond-Nächten erscheint der Mond am Himmel kugelrund und hell leuchtend. Jetzt kann man die kraftgeladene **typische Vollmond-Magie** wirken, dies wären z. B.:

- Das Aufladen magischer Gegenstände mit dem Mondlicht
- Orakel und Weissagung
- Segen, Harmonisierung und Reinigung für das eigene Zuhause
- Zauber für Wohlstand, Wünsche und Fruchtbarkeit
- Verbindung zu den Anderswelten, zu Haus- und Naturgeistern suchen
- Rituale im Jahreskreis und zur Ehrung der Götter, Geister und Ahnen
- Nach dem Höhepunkt des Vollmonds lassen sich die kraftvollen Vollmondenergien auch nutzen, um effektiv zu reinigen, zu klären und Blockaden zu beseitigen

Dunkel- und Neumondmagie

Auch der Neumond ist rechnerisch ein Zeitpunkt. Volksmagisch galten die dunklen Nächte ohne sichtbare Mondsichel vor, am und direkt danach als Neumondnächte.

Typische Neu- oder Dunkelmondmagie wäre:

- Etwas beenden, loslassen und auflösen
- Blockaden lösen
- Hausreinigungen
- Negative Energien verbannen
- Abschiede
- Lösungszauber

Die Kraft des schwindenden Mondes nimmt diese Altlasten mit in die Dunkelheit und wandelt sie.

Gleichzeitig sind die *dunklen Nächte* nach dem errechneten Neumondzeitpunkt der unsichtbare Beginn der Wende und ideal für Wunschrituale und Neuanfänge. Denn das neue Leben entsteht in der Dunkelheit. Das Samenkorn beginnt in der Dunkelheit der Erde zu sprießen und strebt erst allmählich ans Licht. Diese Nächte eignen sich für Wünsche, deren Verwirklichung noch so gut wie unsichtbar ist, die eigentlich nur ein Gedanke sind und noch nicht konkret. Wie der Mond, der zu diesem Zeitpunkt zwar noch unsichtbar, aber energetisch spürbar beginnt wieder zuzunehmen.

Die Sonne in Mythen und Überlieferung

Im Altnordischen ist die Sonne, Sól, personifiziert. Sie ist eine Göttin und gilt als eine der Asinnen. Im Merseburger Zauberspruch[8] wird sie ebenfalls als Göttin erwähnt und als Göttin aufgefasst, ihr Name dort lautet *Sunna*. In vielen europäischen Mythen reist die Sonne in einem Wagen über den Himmel, auch in den nordeuropäischen. Die Idee eines Sonnenwagens, mit dem die Sonne über den Himmel fährt, scheint sehr alt zu sein, wie der berühmte Sonnenwagen von Trundholm[9] zeigt.

In den skandinavischen Felsritzungen der Bronzezeit finden sich zahlreiche (vermutliche) Sonnensymbole. Häufig zusammen mit Wägen und Pferden. Die Forscher glauben, dass in diesen Bildern ein Sonnenmythos erzählt wird. Die Sonne reist mit Pferd oder Wagen tagsüber über den Himmel vom Osten bis in den Westen. Des Nachts fährt sie mit dem Schiff durch ein dunkles Meer zurück zu ihrem Ausgangspunkt. Und beginnt dort im Osten erneut ihre Reise über den Himmel. Spannend ist dabei, dass sich die meisten dieser Felsritzungen zur Zeit ihrer Entstehung in direkter Nähe zum Meer befanden. Über tausend Jahre später erzählt die Edda immer noch davon, dass die Sonne mit Pferd und Wagen jeden Tag über den Himmel fährt.

Ein wiederkehrendes und geheimnisvolles Motiv in den Felsritzungen sind große, runde Scheiben, die als Sonne gedeutet werden. Sie sind umgeben von Zeichen, die an die Fußspuren von Vögeln erinnern. Manchmal werden diese Scheiben auch von menschlichen Figuren gehalten. Einige Forscher glauben, dass es sich hier um die Darstellung von vogelgestaltigen Seelen oder Schutzgeistern handelt. Sie treten aus der Sonne heraus ins materielle Leben nach Midgard. Die Vogel-Fußabdrücke sind dabei als Symbol für die Geistwesen zu verstehen. Die Sonne wäre dann der Quell der Seele und der Seelenkraft.

Erst mit der Sonne beginnen nach der Schöpfungserzählung in der Edda Wachstum und Fruchtbarkeit auf der Welt. Dies entspricht ja auch tatsächlich unserer ganz alltäglichen Lebenserfahrung und der materiellen Wirklichkeit in unserer Welt. Ohne das Licht der Sonne gibt es kein

Wachstum und kein Leben. Wir sind abhängig von ihrem Licht und von der Energie, die sie uns schenkt.

Sólarljóð, Vers 21
Ich sah die Sonne und es schien mir,
als würde ich eine glänzende Gottheit sehen,
vor ihr verbeugte ich mich,
ein letztes Mal,
in dieser Welt der Zeit.

Am Ende der Zeiten, zum Ragnarök (Schicksal/Sinn/Ursache der Götter), heißt es in den nordischen Mythen, wird die Sonne von einem Wolf verschlungen werden.

Im Vafþrúðnismál (ältere Edda) dazu:

47
Eine Tochter gebärt
Elfenglanz (die Sonne)
Bevor Fenrir (der Wolf) sie verschlingt;
Sie soll reiten, wenn die Waltenden sterben,
das Mädchen auf dem alten Pfad der Mutter.

In den baltischen Mythen reist Saule, die personifizierte Sonne(ngöttin), jeden Tag mit einem von Pferden gezogenen Wagen durch den Himmel. Gegen Abend wäscht Saule die Pferde im Meer, um dann in ihre Burg am Ende des Meeres zu gehen.

In den Sonnenmythen, in denen die Sonne eine Frau oder eine Göttin ist, steht oft die lebensspendende und nährende Kraft der Sonne im Mittelpunkt. Auch Verbindungen zu Ahnenkult, Grabhügeln kommen vor. Die personifizierte Sonne in Irland, Grian, ist auch die Göttin der Elfen und der Bewohner der (Grab)Hügel. Es scheint eine Verbindung zu geben zwischen der Sonne, dem Schicksal und den Seelen der Lebenden.

Bei den heidnischen Angelsachsen wurde die Wintersonnenwende *Mütternacht* genannt. Sie scheint ein Fest für Muttergöttinnen und Ahninnen gewesen zu sein. Ein Zusammenhang zu den älteren Matronenkulten liegt nahe.

Ein Bezug zu Wasser und Meer ist oft zu erkennen, denn die Sonne versinkt am Abend in den dunklen Fluten des Meeres, um am Morgen neu und wiederauferstanden aus den Wellen geboren zu werden.

Dies drückt sich wunderbar in dem schottischen Gebet an Grian aus:

> *Gegrüßt seist du Grian*
> *Herrin der Jahreszeiten*
> *die du hoch oben die Himmel durchreist.*
> *Mit großen Schritten wanderst du sicher*
> *durch die luftigen Höhen.*
> *Du bist die glorreiche Mutter der Sterne,*
> *du steigst herab in den gefährlichen Ozean,*
> *ohne Schwäche und ohne Angst*
> *Du steigst auf, aus der ruhigen Welle,*
> *wie eine junge Königin in ihrer Blüte.*

Grian ist dabei sowohl die materielle Sonne am Himmel als auch eine Sonnengöttin und Königin der Feen.

Sonnen-Gottheiten

Auch den Geist oder die Gottheit der Sonne kann man in Ritual und Magie direkt um Segen und Unterstützung bitten. Wie schon beim Mond sind die Überlieferungen und Mythen zu den Sonnengöttern kulturell unterschiedlich.

- **Sól** ist die personifizierte (weibliche) Sonne in den nordischen Mythen und die Schwester von Máni, dem Mond.

- **Sunna** (Sonne) heißt eine Göttin im heidnischen Merseburger Zauberspruch.

- **Grian** (Sonne) ist die inselkeltische, personifizierte Sonne in Irland und Schottland.

- Die Göttin **Sulis** ist die Sonnen- und Heil-Gottheit der britannischen Kelten. In Alzey, bei Worms, ist sie inschriftlich als Deae Sul (Göttin Sul/Sonne) belegt.

- **Saule** ist die baltische Sonnengöttin. Manchmal ist sie auch die Frau und Gefährtin des Mondgottes.

- In der griechischen Mythologie ist der Gott **Helios** die personifizierte Sonne. Seine Tochter Eos ist die Morgenröte.

- **Inti**, auch Tayta Inti (*Vater Sonne*), ist der Sonnengott und der Gott der Regenbögen in der Mythologie der Inka.

- Die Sonnengöttin von **Arinna** ist die Sonnengottheit der Hethiter.

- **Surya** ist in den ältesten indischen Schriften die Personifizierung der Sonne, der Wärme und des Lichtes.

- **Tiwaz** ist der Sonnen- und Schwurgott der Luwier[10].

- **Mithras** ist eine römische Gottheit und Personifizierung der Sonne.

- Der römische **Sol invictus** (lat. *unbesiegter Sonnengott*) entspricht dem griechischen Helios.

- **Tonatiuh** (Nahuatl: tōnatiuh, *er geht hin, um zu wärmen/leuchten*) war in der aztekischen Mythologie der Gott der Sonne.

- **Malina** ist die Sonnengöttin und Schwester des Mondgottes bei den Inuit-Volksgruppen des arktischen Kanadas und in Grönland.

- Bei den **Ewe** und **Fon** in Benin ist Lisa ein Himmelsgott und mit der Sonne assoziiert. Seine Gattin ist Mawu, der Mond.

- Im japanischen Shinto personifiziert die Göttin **Amaterasu** die Sonne und das Licht.

Magisches Wirken mit der Sonne

Unser Leben ist in vielerlei Hinsicht abhängig von der Sonne und ihrem Lauf. Das Licht der Sonne beeinflusst unsere Körper, unseren Geist, unsere Ernährung, das Wachstum der Pflanzen und Tiere, den Kreislauf des Wassers, die Jahreszeiten und vieles mehr. Dass sich die Menschen schon seit Urzeiten darüber bewusst waren, zeigen die vielen Sonnengötter und -göttinnen, Sonnendarstellungen und Symbole, die Ausrichtung von Kultplätzen, Steinkreisen oder Gräbern auf den Lauf der Sonne. Caesar erzählt (1. Jh. vor unserer Zeit) über die germanischen Stämme:

> *Als Götter verehren sie nur Sonne, Vulkan (d. h. Feuer) und Mond, die sie sehen und deren offenbaren Einfluss sie wahrnehmen*[11].

Ähnlich wie beim Wirken mit dem Mond unterstützt die aufsteigende und zunehmende Sonne Wachstum und Vermehrung. Die absteigende Sonne hilft dagegen beim Bannen, Reinigen und Fortschicken. Die aufsteigende Sonne hilft sich nach außen zu wenden, die absteigende Sonne lässt sich nach innen wenden.

Wer mit der Sonne wirken will, sollte daher Zauber für Fruchtbarkeit, Wohlstand und Wachstum am Morgen ausführen. Besonders der Sonnenaufgang gilt als segensreiche und heilige Zeit.

Manche magische Handlungen sollen dem Volksglauben nach vor allem am Mittag oder bei Sonnenhöchststand ausgeführt werden. Dazu gehört u. a. die rituelle Ernte der Sonnenpflanze Johanniskraut, die man, nach dem Volksglauben, am besten zur Sommersonnenwende in der Mittagszeit vollzieht. Eine in dieser Zeit (und bei Sonnenschein) geerntete Johanniskrautpflanze trägt besonders viel der begehrten Sonnenkraft in sich.

Im Einklang mit der Sonne zu leben und magisch zu wirken bedeutet sich über die Einflüsse der Sonne auf unser Leben klarzuwerden. Die Sonne gibt den Takt für das irdische Sein vor, bestimmt durch ihren Lauf das Wachstum der Pflanzen, die Ruhe- und Arbeitszeiten, Tag und Nacht sowie die Jahreszeiten.

Winter – und Nacht

Im Winter, wenn die Sonne am schwächsten ist, ist die richtige Zeit, um sich auszuruhen, sich zurückzuziehen, Kräfte zu sammeln, zu schlafen. Dies ist die Zeit von Stille und Dunkelheit. Zeit, um in Kontakt zu treten mit den Ahnen, mit der Anderswelt. Es ist die Zeit, in der sich ganz auf Rückzug, Verwurzelung, Rückschau und innere Werte konzentriert wird. Jetzt wird das neue Jahr geträumt und erste Gedanken für die Zukunft geboren. Das Bewusstsein ist ganz nach innen gerichtet. Lichter werden entzündet, um an das Licht der Sonne zu erinnern und um das Licht im eigenen Inneren zu finden. Auf den Tag übertragen, ist dies die Zeit der Mitternacht und der tiefsten Dunkelheit.

Frühling – und Morgen

Dies ist die Zeit, in der spürbar das Licht zurückkehrt. Das Bewusstsein beginnt sich nach außen zu wenden. Neuanfang und erstes Wachstum werden konkret und sichtbar, alles wird wieder geschäftiger. Je weiter der Frühling oder der Morgen voranschreitet, umso arbeitsamer, lauter und emsiger wird alles. Dies ist die Zeit für kreatives Schaffen, Neubeginn, Lernen, Aussaat, aber auch für Ausgelassenheit, Spiel und Versuch. Alles steht im Zeichen von kommender Fruchtbarkeit, zunehmendem Wissen und beginnendem Wachstum.

Sommer – und Nachmittag

In dieser Zeit ist viel zu tun, die Arbeit geht aber nicht mehr so leicht von der Hand wie am Morgen.

Andererseits werden erste Ergebnisse sichtbar. Manches kann jetzt schon geerntet und beendet werden. Es ist die Zeit der Wärme und der Heilung. Das Licht, die Kraft und die Erinnerungen, die jetzt gesammelt werden, erhellen später den Winter und die Dunkelheit.

Herbst – und Abend

Zum Ende des Sommers (oder des Nachmittags) ist die Ernte in vollem Gang. Das, was geschaffen wurde, muss eingebracht werden. Erste Aufräumarbeiten und Vorbereitungen für die Nacht und die Zeit der Dunkelheit werden getroffen. Jetzt zeigt sich, ob am vergangenen Tag etwas *geschafft* wurde. Dies ist die Zeit, um zusammenzukommen. Rückschau zu halten, zu feiern und dankbar zu sein. Es ist Zeit für Gespräche, Gemeinschaft und für das Haltbarmachen des bisher Erreichten. In Herbst und am Abend beginnt die Wendung nach innen. Die Blätter beginnen zu fallen. Die Natur beginnt sich zur Ruhe zu begeben. Sie schläft aber nur und stirbt nicht, denn kein Blatt fällt, ohne dass sich nicht schon neue Knospen gebildet hätten. Im Ende des Herbstes liegt also schon der Keim für den Neubeginn.

Und dann kommt wieder die Nacht ...

Der Jahreskreis und die jahreszeitlichen Feste spiegeln diese Abläufe wider und helfen den Einklang mit der Sonnenkraft zu fördern.

Dennoch sollte man auch hier die Einteilungen nicht zu dogmatisch sehen, Menschen sind sehr unterschiedlich. Es gibt Menschen, die besonders im Winter aufblühen und sich im Sommer lieber zurückziehen. Andere lieben den Herbst mit seinen bunten Farben und dem Blätterspiel des Windes. Finde am besten für dich selbst heraus, wie sich Tages- und Jahreszeiten, und damit die Kraft der Sonne auf dich auswirken.

Die Sonnenfeste

Für viele Menschen sind die Sonnenfeste die Ankerdaten in ihrem magisch-spirituellen Kalender und auch traditionell sind diese Daten magisch oft besonders kraftvoll. Pflanzen, geerntet in der Zeit der Sommersonnenwende, sollen z. B. besondere Kräfte enthalten. Obwohl wir nicht wissen, wie die Menschen in früheren Zeiten, vor dem Christentum in Europa, die Sonnenwenden und die Tag-und-Nacht-Gleichen feierten, scheinen diese Zeiten eine Bedeutung für sie gehabt zu haben, wie man an der Ausrichtung von manchen Gräbern, Steinsetzungen und Steinkreisen heute zu erkennen glaubt.

Wintersonnenwende

Die dunkelste Zeit im Jahr. Kürzester Tag und längste Nacht. Geburt der neuen Sonne. Beginn des langsamen Zunehmens des Lichts, obwohl der kälteste Teil des Winters erst noch kommt.

Frühlings-Tag-und-Nacht-Gleiche

Zeit des Ausgleichs, der Harmonie und der Balance.

Sommersonnenwende

Die Hochzeit der Sonne, längster Tag und kürzeste Nacht. Zeit des Lichts. Obwohl der wärmste und heißeste Teil des Sommers erst noch kommt, beginnen ab der Sommersonnenwende die Tage langsam wieder kürzer zu werden.

Herbst-Tag-und-Nacht-Gleiche

Harmonie, Zeit des Ausgleichs und der Balance.

Wochentage in der Magie

Woher genau die Sieben-Tage-Woche stammt, ist nicht vollständig geklärt. Diese Zählung wird schon in den ältesten Tora[12]-Abschriften (ca. 500 v. u. Z.) genannt. Nach heutiger Überzeugung haben babylonische Astrologen etwa 500 v. u. Z. nach jedem der sieben mit bloßem Auge sichtbaren Himmelskörper unseres Sonnensystems einen Tag benannt. Dies sind: Sonne, Mond und die fünf Planeten Merkur, Venus, Mars, Jupiter und Saturn. Diese sieben Himmelskörper sind die Namensgeber der sieben Wochentage. Möglicherweise ist dies der Ursprung der heutigen weltweiten Sieben-Tage-Woche. Verbindlich wurde die Sieben-Tage-Woche in Rom durch Kaiser Konstantin ab 321 n. u. Z. eingeführt und löste die bis dahin im römischen Reich gültige Neun-Tage-Woche (Nundinae) ab. Nach Japan soll die Sieben-Tage-Woche über China im 4. Jahrhundert n. u. Z. gekommen sein. Weltweit gab es ursprünglich zahlreiche und sehr unterschiedliche Wochensysteme.

Im alten Ägypten wurde in Wochen zu 10 Tagen gerechnet, im 1792 eingeführten Französischen Revolutionskalender gab es ebenfalls eine Zehn-Tage-Woche, im balinesischen Hinduismus gibt es parallel Drei-, Fünf- und Sieben-Tage-Zählweisen.

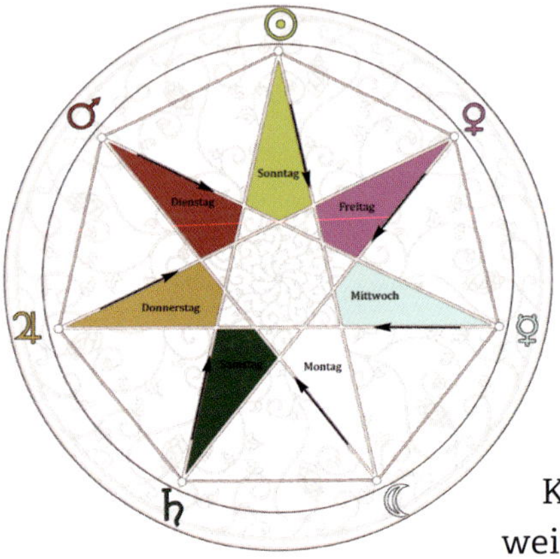

Auf Färöer war die älteste Wochenzählung eine Fünf-Tage-Woche. Nach Plinius hatten auch die Iren ursprünglich eine ähnliche Fünf-Tage-Woche.

Durch Handel, Anpassung, Kolonisation, die Kirchen usw. setzte sich die Sieben-Tage-Woche weitgehend durch.

Die babylonische Zuordnung der Wochentage zu den Planeten wurde weitgehend überall übernommen, wenn auch regional etwas angepasst.

ZUORDNUNGEN DER WOCHENTAGE

Wochentag	Himmelskörper und römische Gottheiten	Germanische Götter	Japanische Woche
Sonntag	Sonne	Sonne	Tag der Sonne
Montag	Mond	Mond	Tag des Mondes
Dienstag	Mars	Tyr	Tag des Feuers
Mittwoch	Merkur	Odin/Wōden	Tag des Wassers
Donnerstag	Jupiter	Donar, Thor	Tag des Baumes
Freitag	Venus	Frigg	Tag des Metalls
Samstag	Saturn	?	Tag der Erde

In der alltags-magischen Praxis können diese Zuordnungen verwendet werden, um einem Zauber die zusätzliche Kraft des zugeordneten Planeten und seiner astrologischen Eigenschaften zu verleihen oder auch um ihn unter den Schutz einer bestimmten Gottheit zu stellen, denn die Planeten waren ja im antiken Weltbild auch gleichzeitig Repräsentanten der Götter und mit ihnen namentlich identisch.

Nach diesen Zuordnungen sind die Wochentage jeweils günstig für diese Themen:

Wochentag	Themen
Sonntag	Sonne, Licht, Heilung, Wohlstand, Fokus, Gesundheit, Finanzen, Glück, Harmonie, Lebensqualität, Familie und Heim
Montag	Kreativität, Gefühle, Medialität, Hellsehen, Wahrsagen, Traumarbeit, spirituelle Entwicklung
Dienstag	Streit, Kampf, Abwehr, Erfolg, Mut, Stärke, Gerechtigkeit, Gericht, Versprechen, Transformation
Mittwoch	Geist, Intellekt, Sprache, Kommunikation, Handel, Zwietracht, Täuschung, Illusion, Finanzen, Entwicklungen, Veränderungen, Runen
Donnerstag	Schutz, Wünsche, Segen, Wohlstand, Glück, Überfluss, Seefahrt, gute Reise, Wetter, Ernte
Freitag	Liebe, Sexualität, Fruchtbarkeit, Ehe, Verständnis, Familie, Seele, Zauber, Magie
Samstag	Fluchabwehr, Verwünschungen, schlechte Angewohnheiten ablegen, Schadenzauber, Selbstverteidigung, Reinigung

Der richtige Zeitpunkt für Ritual oder Zauber

Mit dem richtigen Zeitpunkt darf man es einfach halten, sich auf nur einen Punkt konzentrieren oder auf die eigene Intuition hören. Es muss nicht alles genau zusammenpassen. Kraftvolle Magie lässt sich auch wirken, wenn der Zeitpunkt nicht ideal ist.

In meiner gelebten Praxis richte ich mich vor allem nach meiner eigenen Intuition und nach den Notwendigkeiten. Wenn möglich, dann nutze ich gerne die unterstützenden Kräfte von Sonne und Mond, sie sind wie ein magischer Wind in meinem Rücken. Doch manchmal kann ich darauf keine Rücksicht nehmen und nicht warten, bis der Mond in der optimalen Phase ist und die Sonne günstig steht. Energie folgt der Aufmerksamkeit und wenn die Mondphase nicht passt oder der Sonnenstand nicht optimal ist, dann finde ich andere Kräfte, die meine Absicht unterstützen und meine Ausrichtung stärken.

Magie der Zahlen

In der Alltagsmagie kann auch jede Zahl eine bestimmte Bedeutung haben. Einige dieser Bedeutungen beruhen auf älteren Überlieferungen, auf Beobachtungen in der Natur, auf Sternbildern oder auf mathematischen Besonderheiten. Die Kraft der Zahlen lässt sich magisch nutzen, indem man z. B. die Anzahl der Zutaten für einen Zauber entsprechend wählt, das Datum berücksichtigt oder einen Vers entsprechend häufig aufsagt.

Im Folgenden die häufigsten Zuordnungen:

0 – Die **Null** steht für die Leere. Sie ist das Potenzial, das Ei, alles und nichts.

1 – Die **Eins** ist die unteilbare Zahl der Einheit und des Ganzen. Sie ist der Anfang, Individualität, Unabhängigkeit, Initiative.

2 – Die **Zwei** steht für Beziehung, Gegensätze, Polarität. Zwei Hälften eines Ganzen, aber auch Trennung.

3 – Die **Drei** ist die Zahl von Schicksal, Glück und Erfolg. Sie steht für die Dreifaltigkeit von Himmel über mir, Erde unter mir und Meer um mich. Drei Nornen[13] bestimmen am Weltenbaum das Schicksal. Vergangenheit, Gegenwart und Zukunft. Drei Wünsche werden gewährt. Vater, Mutter, Kind. Aus zwei wird drei, wenn etwas Neues, eine neue Einheit entsteht. Drei ist Entwicklung, Wandel zum Wohle und die heilige Zahl. Drei Matronen, drei Schicksalsfrauen, dreifaltige Göttin. Drei Lebensalter: Kindheit, Erwachsenenzeit, Alter. Drei Götter heben im nordischen Schöpfungsmythos das Land und erschaffen die materielle Welt. Auch in vielen anderen Kulturen und Traditionen ist die Drei eine besondere und heilige Zahl. Sie steht für Harmonie, Fruchtbarkeit, Werden und Wachsen.

In einigen der Segen und Sprüche in der Zaubersammlung dieses Buches werden *Die heiligen Drei* angesprochen. Gemeint sind damit die drei Matronen, die drei Nornen, die drei Ur-Mütter, die drei häufigen Erscheinungen der Göttin(en) (Maid, Mutter und Greisin), die Dreifaltigkeit aus Göttern, Geistern und Ahnen, drei beliebige Götter oder auch die Dreifaltigkeit im christlichen Glauben. Wer genau angesprochen wird, richtet sich ganz nach Weltbild und Absicht der zauberwirkenden Person.

4 – Die **Vier** ist Stabilität, Struktur, Ordnung, Sprache, Austausch. Vier Himmelsrichtungen, vier Beine haben die meisten Stühle und vier Gliedmaßen haben die Säugetiere.

5 – Die **Fünf** ist eine magische, eine mächtige Zahl. Fünf Ecken hat das Pentagramm. 5 Kerne der Apfel. Fünf Finger hat die Hand. Dies ist die Zahl von Fruchtbarkeit und Wohlstand. Sie steht auch für Freiheit, Abenteuer, Veränderungen, Dynamik und Flexibilität. Sie ist die Zahl des *Machens*.

6 – **Sechs** ist die Zahl von Heim, Familie, Freundlichkeit, Fruchtbarkeit, Gleichgewicht und Harmonie.

7 – Die **Sieben** ist wieder eine besonders magische Zahl. Sieben Geißlein, sieben Zwerge, sieben Sterne auf der Scheibe von Nebra, sieben Plejaden. Sie wird mit Weisheit, Geheimnissen und Magie verbunden. Der Siebenstern ist das Symbol der sieben Himmelskörper und viele verbinden ihn auch mit der Magie der Elfen. Glück, Fruchtbarkeit. Die Sieben gilt als unheilabwehrend und steht für spirituelles Wachstum und Wissensdurst.

8 – die Zahl **Acht** steht für Macht, Kontrolle, Finanzielles, Sicherheit und Selbstbestimmung. Acht Speichen hat das Dharma-Rad im Buddhismus. Auf die Seite gedreht ist die Acht das Zeichen der Unendlichkeit. Die Runenreihe des älteren Futharks ist in drei Abschnitte zu je acht Runen eingeteilt.

9 – Die **Neun** steht für Vollkommenheit und Inspiration. Sie kann mit jeder beliebigen Zahl multipliziert werden, die Quersumme ergibt immer neun. Oft ist sie die Zahl der göttlichen Energie. Die Neun steht für den Abschluss eines Prozesses. Als Ergebnis von drei x drei entsteht sie aus der Potenzierung der heiligen Drei. Neun Welten, so heißt es, verbindet der nordische Weltenbaum.

MAGISCHES WORT UND ZAUBERHAFTER KLANG

In zahlreichen Schöpfungsmythen der Welt spielen Klang, Gesang und Wort eine herausragende Rolle. Sie sind Träger von Wirkmacht, Wille und Absicht. Bestimmten Worten und Klängen wohnt eine besondere Kraft inne. Diese Klänge der Kraft können magische Formeln oder Sprüche sein, bestimmte Frequenzen, Namen, Worte in alten, fast vergessenen Sprachen oder ganz individuelle Töne und Verse.

Die allermeisten überlieferten alten Zauber aus dem deutschsprachigen Raum und aus dem nördlichen Europa werden als (Zauber)Gesänge oder Lieder bezeichnet. In der Edda, der großen Götter- und Heldensagen-Sammlung Skandinaviens, erzählt der Gott Odin von verschiedenen Zaubern, die er lernte, und nennt die Zauber dabei Ljóð, (Zauber)Lied. Eine alte Bezeichnung für Zauber im deutschsprachigen Raum lautet *Galster* oder *Galsterei*, ursprünglich bedeutet dies Zaubergesang. Galsterweib war mancherorts eine Bezeichnung für Hexen. Das althochdeutsche Wort für das magische Besprechen lautet *Bigalan*, was wortwörtlich *Besingen* bedeutet. Das altenglische Wort für Zauber lautet *gealdor*, was wörtlich *Zaubergesang* meint und auch eines der altnordischen Worte für Zauber, *Galdr*, übersetzt sich mit (Zauber)Gesang. Gemeinsam ist all diesen Bezeichnungen, dass sie vom Protogermanischen **galanq* abstammen.

*Galanq: 1. schreien, gellen, tönen
2. singen, zaubern

*Galdraz: Gesang, Zaubergesang, Beschwörung

Melodien und genaue Anleitungen für diese alten Zauberklänge sind nicht erhalten geblieben, hier helfen Improvisation, eigenes Ausprobieren und die Intuition der Magiewirkenden.

Der Joik der Sámi[14] ist eine Gesangsform, bei der die Bedeutung des Klangs die Bedeutung der Worte überwiegt. In der religiösen Tradition der Sámi ist es ein ritueller Gesang zur Kommunikation mit Göttern, Geistern und Ahnen, wird aber auch profan von allen Sámi verwendet.

Die Verbindung von Gesang, Klang und Zauber ist eine sehr alte Verbindung und es lässt sich kaum sagen, wie weit diese womöglich zurückreicht, vielleicht bis an den Anfang der menschlichen Geschichte. Der Archäologie-Professor Steven Mithen[15] vertritt die These, dass sich Sprache überhaupt erst aus dem Tönen und Singen entwickelt hat. Die Sprache der Neandertaler soll eine einzige singende Protosprache gewesen sein, in der Gesang und Sprache eine Einheit waren. Töne mit Bedeutungen, aber ohne konkrete Worte, wie wir sie heutzutage nutzen.

Aus meiner eigenen Erfahrung kann ich nur bestätigen, dass es wichtig ist die alten Sprüche, Verse und Gesänge nicht nur still in Gedanken zu sprechen, sondern sie als Klang in die materielle Welt zu bringen, sie hörbar werden zu lassen, damit sie Wirkung entfalten. Wie sich dies ganz genau anhört, ob laut oder leise, geflüstert oder als glockenklarer Gesang ist vor allem der Intuition der Magiewirkenden überlassen. Alles in dieser Welt ist Schwingung und Frequenz, erst recht die magischen Worte und Lieder.[16]

Besprechen, Segnen und Besingen

Die Kunst des Besprechens ist weltweit bekannt und hat in Europa trotz Christianisierung, Inquisition, Hexenverbrennung und Aufklärung überlebt. Hierbei handelt es sich um eine Form der Wort- oder auch Klangmagie. Durch Bitten an hilfreiche Wesenheiten oder auch direkt durch den Klang bestimmter Worte und Töne soll in das bisherige Geschehen eingegriffen werden. Zum Spruch können noch verschiedene Handlungen als Ritual hinzukommen. Beim Besprechen, Bebeten oder Besingen handelt es sich also um die konkrete Ausführung der im Kapitel Segen angesprochenen (Zauber)Segen.

Besonders in Zeiten und in Gegenden, in denen sich kein Arzt in erreichbarer Nähe befand, hielten sich die Sprüche und Rituale. Leiden jeglicher Art wurden in der Vergangenheit durch Besprechen geheilt. Heute kennen wir vor allem noch die Sprüche gegen Warzen oder (Gürtel) Rose. Selbst manche Ärzte empfehlen bei Schuppenflechte, Gürtelrose oder hartnäckigen Warzen das Besprechen: Erst vor kurzem erzählte mir ein Hausarzt, dass er beim Behandeln von Warzen, insbesondere bei Kindern, gerne zusätzlich einen Spruch anwendet, da dieser die Chancen auf Erfolg seiner Behandlung merklich erhöhen würde. Es existieren aber noch weitere Anwendungsgebiete. In Skandinavien soll es z. B. die sog. *Blutstiller* geben, die besonders Waldarbeitern helfen, indem sie deren blutende Verletzungen aus der Ferne besprechen. Im Reitsport kennt man *Knochenbrecher* oder *Knochenrenker*, die vor allem Pferde mit Verrenkungen, Zerrungen o. Ä. durch Besprechung heilen. Aus dem Spezialbereich, der Ross-Heilkunde, sind besonders zahlreich Sprüche und kleine Rituale erhalten geblieben.

Die Ansicht, dass das Besprechen eine vererbte Kunst sei, ist weit verbreitet. Sie rührt vermutlich daher, dass sich das Wissen darum in manchen Familienlinien sammelt. Die Ursache dafür liegt allerdings weniger *im Blut*, als vielmehr darin, dass *geistiges Heilen* in den letzten Jahrhunderten und teilweise auch heute noch von der Außenwelt nicht gern gesehen wurde. Geistige Heiler, Besprecher etc. waren und sind häufig Verfolgung und Missgunst ausgesetzt. Zudem greift hier das Prinzip der besonderen Kraft. Besonderen Menschen und Familien wird eine größere Kraft zugetraut. Dasselbe gilt für die Verse. Einige der Erbsprüche sind sehr alt und werden nur innerhalb einer direkten Linie weitergegeben und dabei gehütet wie Schätze. Für manche Sprüche gilt auch die Regel, dass du sie erst weitergeben sollst, wenn du sie selbst nicht mehr benutzt, denn nach der Weitergabe ist auch ihre Wirkmacht auf den Erben übergegangen.

Trotz der Tatsache, dass nicht alle Sprüche und Rituale frei weitergegeben werden können, kann Besprechen, Bebeten und Besingen meiner Beobachtung nach gelernt und gelehrt werden. Es gibt zahlreiche überlieferte Sprüche, die nichts von ihrer Kraft verloren haben und die allgemein zugänglich sind. In den Sprüchen werden die magischen Prinzipien der Ähnlichkeit, der Beseeltheit, der besonderen Kraft, der Berührung usw. lyrisch umgesetzt. Dabei wird sich sowohl der Bitte als auch der Befehlsform bedient, je nach Anlass und Überzeugung der magiewirkenden Person. Viele Sprüche sind direkt mit einer dazugehörigen Handlung verknüpft. Die Absicht wird dabei als Beschreibung des Tuns gesprochen: „Ich treibe dir das Schwinden aus!“ Kein „ich will“ oder „ich habe vor“, stattdessen wird es als feststehende Tatsache gesprochen. Gesagt ist gleich getan. Beim Besprechen ist der unbedingte Wille zu helfen eine entscheidende Kraft. Die magiewirkende Person muss Herz, Verstand und Tat auf dasselbe Ziel ausrichten und innerlich in diesem Moment dafür brennen. Für Zweifel ist bei dieser Tätigkeit kein Platz! Die magisch-symbolische Tat (Handauflegen, Pusten etc.) und die Zauberworte werden als reale Tat erlebt. Ganz besonders gilt hier das Prinzip der Aufmerksamkeit. Die magiewirkende Person richtet ihr ganzes Sein – Denken, Fühlen, Sprechen, Tun und Wünschen – auf diesen einen Moment der Besprechung aus. Die Kraft beim Besprechen baut sich dabei langsam in Körper, Geist und Seele der magiewirkenden Person auf und wird dann mit Wort und Tat auf die Klientin übertragen. Dabei ist die magiewirkende Person in vielen Traditionen vor allem ein Kanal für die mitfühlende und helfende Kraft des Universums, der Geister, Götter oder Ahnen. Das Ansteigen der Kraft fühlt sich dabei oft wie eine Welle an und kann sich u. a. durch heiße Hände, ein warmes Glühen in der Brust oder Ähnliches äußern.

> Neben dem Besprechen durch Worte ist auch das Besingen, Handauflegen, Blasen oder Streichen bekannt. Es folgt grundsätzlich denselben Regeln.

Die Merseburger Zaubersprüche

Die Merseburger Zaubersprüche sind uralte, vorchristliche Zaubersprüche. Sie sind die einzigen althochdeutschen Textzeugnisse rein heidnischen Inhalts und geben daher einen für uns heute einmaligen Einblick in die damaligen Vorstellungen von Zauberglaube und Magie. Aktuell gehen die meisten Forscher von einer Entstehung der Sprüche im 8. Jahrhundert aus. Es ist jedoch gut möglich, dass sie auf wesentlich ältere Wurzeln zurückgehen. Die Sprüche sind nach ihrem Fundort, der Merseburger Domstiftsbibliothek, benannt. Dort wurden sie im Jahr 1841 (wieder)entdeckt.

Der erste Merseburger Zauberspruch gilt im Allgemeinen als ein Lösezauber von Fesseln z. B. von gefangenen Kriegern, der zweite Merseburger Zauberspruch als Heilungszauber. Über das genaue Alter der beiden Sprüche herrscht in der Forschung keine wirkliche Einigkeit. Den Merseburger Zaubersprüchen ähnelnde Zauber finden sich auch in anderen indoeuropäisch geprägten magischen Überlieferungen.

Beide Zaubersprüche haben ein ähnliches Muster. Dem eigentlichen *Spruch* ist eine kleine Erzählung, die sogenannte *Historiola* vorangestellt, die in der Vergangenheit angesiedelt ist und beschreibt, wie der Zauber bereits erfolgreich angewendet wurde. Dies soll dem Spruch ein besonderes Gewicht verleihen, da die Erzählung zeigt, wie wirksam der Spruch bereits in der Vergangenheit war. Durch die Erwähnung von magischen Wesen oder Göttern bekommen Worte und Zauber ein zusätzliches Gewicht. Außerdem positioniert sich die sprechende Person auf diese Weise in die Tradition der sagenhaften Vor-Anwender. Magisch/schamanisch gesehen kann sich die magiewirkende Person so an den *Kraftstrom* des ursprünglichen Zaubers und der ursprünglich damit Zaubernden (Wodan, Idisen usw.) anschließen und auf diese Weise ein Mehr an Kraft generieren.[17] Dasselbe Muster der zum Spruch gehörenden Erzählung zeigt sich auch im Nigon Wyrta Galdor[18].

Die Sprüche selbst sowie ihre möglichen praktischen Anwendungen werden im zweiten Buchteil, der Zaubersammlung, auf den Seiten 176 und 208 vorgestellt.

Nigon Wyrta Galdor – der Neun-Kräuter-Zaubergesang

Der Nigon Wyrta Galdor, auch bekannt als der angelsächsische Neunkräutersegen oder eigentlich treffender der Neun-Kräuter-Zaubergesang wurde im 9. oder 10. Jahrhundert niedergeschrieben. Überliefert ist er uns in der altenglischen Handschrift Lacnunga (Heilmittel). Es ist ein Zauberlied, das noch deutlich heidnische und schamanische Züge aufweist. Zu erkennen an der Anrufung des Gottes Wōden, der identisch ist mit dem altnordischen Ođinn, und an der magischen Neunzahl. Neun verschiedene Kräuter werden direkt angesprochen und besungen. Die Heilkraft der Kräuter wird durch die Worte erst richtig wachgerufen und es zeigt sich hier noch ein beinahe schamanisches Weltbild. Sowohl die Krankheit als auch das heilende Kraut werden direkt als handelnde und beseelte Wesen gesehen. Die Kräuter sind dabei Verbündete und Kämpfer der Magiewirkenden, die aufgerufen werden zum Kampf gegen die *Anfliegenden* und *das Übel, das über das Land fährt*. Die Verse erzählen, dass die Kräuter sich schon in der Vergangenheit erfolgreich gegen diese behauptet haben. Die Anfliegenden kann man heute als Viren, Bakterien und Keime verstehen. Noch heute kennen wir Redewendungen wie *die Erkältung kam wie angeflogen*. Gemeint sind hier aber wohl eher Krankheiten und Leiden, die als magische Geschosse und gefährliche Zauberwesen verstanden werden. Diese bedrohen den Erkrankten und greifen ihn an. Ein solches Krankheitsverständnis ist auch in anderen Sprüchen und Liedern dieser Zeit zu erkennen. Die Form des Zaubers als Gesang ist typisch für Zauber im vorchristlichen germanischen Raum. Der Gott Wōden wird genau wie der altnordische Ođinn mit dieser Art von Zaubergesang eng verbunden. Einer der zahlreichen Beinamen Ođinns lautet Galdrafōðr, Vater des Galdr (Zaubergesang). Dieser Zauber ist ursprünglich dafür gedacht, gesungen zu werden.

Der Neun-Kräuter-Zaubergesang – in Übersetzung

Erinnere dich **Beifuß (Mucgwyrt)**
Was du offenbart hast,
was du bekannt gabst bei der Regenmelde (der Rat der Verkündung
oder der großen Verkündung).

Una wurdest du genannt, ältestes Kraut.
Du wirkst gegen 3 und gegen 30,
Du wirkst gegen Gift und gegen die Anfliegenden,
du wirkst gegen das Übel, das über das Land fährt.

Und du **Wegerich (Wegbrade)***, Mutter der Kräuter,*
Nach Osten geöffnet, mächtig im Innern,
über dir knarrten Wagen,
über dir weinten Frauen,
über dir schrien Bräute,
über dir schnaubten Stiere.
Allem hast du widerstanden und dich widersetzt;
so widerstehe nun Gift und Anfliegendem und dem Übel,
das über das Land fährt.

Stune *(vielleicht Lammkresse, Brunnenkresse) heißt dieses Kraut,*
es wuchs auf dem Stein;
es steht auf gegen Gift,
es widersteht dem Schmerz.

Stiðe *heißt dieses,*
widersteht dem Gift (vielleicht Brennnessel).
Es vertreibt den Lebensfeindlichen,
es entfernt das Gift.

Dies ist das Kraut,
das gegen die Schlange kämpfte.
Es hat Macht gegen Gift,
Macht gegen Anfliegende,
es hat Macht gegen das Übel, das über Land fährt.

Vertreibe nun Gifthasser **(Attorlaðe – Heilziest?)** *das größere Gift.*
Das Kleinere, das Größere.
Bis er von beiden genest.

Erinnere dich **Kamille (Mægðe)**,
was du offenbart hast, was du entgegnet hast bei der Erschaffung.
Dass niemand durch Anfliegende das Leben verliere,
nachdem man ihm Kamille zum Essen gab.

Dies ist die Pflanze,
die **Wergulu (Brennnessel oder Holzapfel)** *genannt wird.*
Das entsandte der Seehund über den Rücken der See zu
Hilfe, gegen die Bosheit von einem anderen Gift.

Diese neun Kräuter haben Macht gegen das Gift.
Ein Wurm kam gekrochen,
er tötete nichts.
Denn Wōden (Odin) nahm 9 Ruhmeszweige
und er schlug damit die Schlange,
welche in 9 Teile zersprang.
Dort sprach der **Apfel** *erneut gegen das Gift.*
Dass er (der Wurm) nie mehr ins Haus kriechen wollte.

Kerbel (Fille) *und* **Fenchel (Finule)**,
zwei von großer Macht.

Sie wurden vom weisen Herrn geschaffen, als er hing;
Er setzte sie und sandte sie in die sieben Welten.
Den Armen und den Reichen, allen zur Hilfe.

Es steht gegen Schmerzen,
es bekämpft das Gift.
Es wirkt gegen 3 und gegen 30
Und gegen die Hand des Feindes
Und gegen böse Absicht
Und gegen die Verzauberung durch schlechte Wesen.

Dies sind neun Kräuter, die Kraft haben gegen neun böse Geister,
gegen neun Gifte und neun Anfliegende.
Gegen das rote Gift,
gegen das faule Gift,
gegen das weiße Gift,
gegen das purpurne Gift,
gegen das gelbe Gift,
gegen das grüne Gift,
gegen das schwarze Gift,
gegen das blaue Gift,
gegen das braune Gift,
gegen das karminrote Gift,
gegen Schlangenblattern,
gegen Wasserblattern,
gegen Dornblattern,
gegen Distelblattern,
gegen Eisblattern,
gegen Giftblattern.

Wenn irgendein Gift geflogen kommt
aus dem Osten, oder irgendeines aus dem Norden,
oder eines aus dem Süden
oder eines aus dem Westen über die Menschen.
Die Neun stehen über Krankheit jeder Art.

Ich alleine kenne den fließenden Strom und die neun Nattern, die ihn bewahren. Mögen nun alle Pflanzen von ihren Wurzeln ausspringen, die Seen sich öffnen, alle salzigen Wasser, wenn ich dieses Gift von dir blase.

In der Handschrift folgt nun, nach dem Spruch-Teil das Rezept für eine Art Salbe:

Beifuß (Mucgwyrt), Wegerich (Wegbrade) geöffnet nach Osten, Lammkresse (Lombescyrse), Heilziest (Attorlāðan), Kamille (Mageðan), Nessel (Netelan), Wildapfel (Wudusūræppel), Kerbel (Fille) und Fenchel (Finul), alte Seife.

Stampfe die Kräuter zu Pulver, mixe sie mit der Seife und dem Saft des Apfels, dann bereite eine Paste aus Wasser und Asche, nimm den Fenchel und koch ihn mit der Paste und erwärme ihn mit geschlagenem Ei, wenn du die Salbe auftust. Davor und danach.

Sing diesen Spruch drei Mal über jedem der Kräuter und bevor du sie zubereitest und auch über dem Apfel. Sing den Zauber in den Mund des Mannes, in seine Ohren und auf seine Wunde, bevor du die Salbe aufträgst.

***

Einige der genannten Kräuter sind unsicher zu identifizieren. In der folgenden Tabelle stelle ich die Namen aus dem Manuskript möglichen Interpretationen gegenüber, wie sie in der Forschung diskutiert werden.

Name in der Handschrift	Interpretation
Stune	Behaartes Schaumkraut, Bitteres Schaumkraut, Brunnenkresse, Feldsalat
Stiðe	Brennnessel
Wergulu	Holzapfel, Brennnessel
Attorlaðe	Heilziest, Schwarzer Nachtschatten, Gewöhnlicher Natternkopf, Hühnerhirse

Das Rezept und der Zauber, wie sie hier beschrieben sind, können heute nicht ohne Weiteres verwendet werden, da gar nicht alle Pflanzen sicher identifiziert werden können, aber auch weil die Art und Weise, wie hier eine Salbe hergestellt und verwendet wird, nicht der heutigen Praxis entspricht. Dennoch können wir sehr viel vom Nigon Wyrta Galdor für unsere heutige Praxis lernen.

Nigon Wyrta Galdor – heutige Verwendung

Im Nigon Wyrta Galdor[19] wird vor und während der Zubereitung der Kräuter mit diesen direkt gesprochen. Wir erinnern uns, alles ist beseelt, und so ist auch jede Pflanze, jedes Kraut beseelt und aus genau diesem Grund werden die Pflanzen direkt angesprochen und daran erinnert (Energie folgt der Aufmerksamkeit), was ihre Rolle im Zauber und im Rezept ist. Ein solches Ansprechen der Kräuter, Pflanzen und Zutaten können wir uns auch in allen anderen Bereichen zu eigen machen.

Sag deinem Morgenkaffee, dass er dir helfen oder dem Brot, dass es dich kräftigen und erhalten möge.

Der Nigon Wyrta Galdor beschreibt auch, wie die zu behandelnde Person besprochen werden soll. Die kraftvollen Verse sollen ihr in die Ohren, in den Mund und auf die Wunde gesungen werden. Zum Schluss folgt noch die kraftvolle Feststellung der Zauber wirkenden Person:

> *Ich alleine kenne den fließenden Strom und die neun Nattern, die ihn bewahren. Mögen nun alle Pflanzen von ihren Wurzeln ausspringen, die Seen sich öffnen, alle salzigen Wasser, wenn ich dieses Gift von dir blase.*

Das Besprechen, Bebeten und Besingen gehört zu den absoluten Basis-Tätigkeiten in der Volksmagie und -Zauberei. Du wirst es immer wieder brauchen und anwenden. Sei es beim Kerzenzauber, beim Reinigen, beim Räuchern oder beim Brauen von magischen Tränken. Daher übe es reichlich und mach es zu einem selbstverständlichen Teil deines Alltags. Besprich dein Putzwasser, deinen Tee oder Kaffee am Morgen, die Zutaten für das Familienessen usw.

Besprechen von Pflanzen, Speisen, Getränken und Gegenständen

Mit gutem Zauber gemischt

Landläufig ist vor allem das Besprechen von Warzen, Schmerzen, Krankheit oder Leid bekannt. Jedoch lassen sich durch Spruch und Gesangszauber nicht nur Dinge vertreiben, sondern genauso lässt sich Segen, Gesundheit und Kraft hineinsingen (oder -sprechen). Es gibt zahlreiche historische und überlieferte Beispiele.

Zum Alltagszauber gehört sowohl das Hinzufügen von ein bisschen magischer Extrakraft zu alltäglichen Speisen und Getränken als auch die Herstellung regelrechter Zaubertränke, die einer ganz bestimmten Absicht dienen. Ein einfacher Kräutertee, ja sogar ein Glas Wasser, kann von einer kundigen, magiewirkenden Person in einen kraftvollen, magischen Trank verwandelt werden.

Die Kraft wachrufen

Das magische Wirken mit Pflanzen und Pflanzenkraft steht oft im Zentrum der Alltagsmagie. Es macht einen Großteil der Überlieferungen aus und beruht auf mehreren magischen Prinzipien. Zum Beispiel auf dem Prinzip der Ähnlichkeit. Was sich ähnelt, ist verbunden und trägt ähnliche Kraft. Das gelb leuchtende Johanniskraut trägt die Kraft der warmen Sonne und kann so die Seele erhellen.

Stachelige Dornenpflanzen dienen als Abwehr und sind wirksam gegen magische Angriffe. Das zähe, harte Holz der Eibe wehrt jeden Zauber ab. Der verlockende Duft der süßen Orange wirkt anziehend auf neue Kundschaft usw. Zwei weitere Prinzipien kommen ebenfalls zum Tragen, das Prinzip der Aufmerksamkeit und das Prinzip der Belebtheit. Damit der Zauber seine volle Kraft entfalten kann, braucht es, zusätzlich zur Konzentration der Wirkenden, auch die Aufmerksamkeit des Pflanzengeistes, damit dieser ganz besonders die nötige Kraft beisteuert. Die Kraft der Pflanze wird wachgerufen und gelenkt.

Ein historisches Beispiel dazu enthält der Nigon Wyrta Galdor, auch bekannt als der angelsächsische Neunkräutersegen, aus dem 9. Jahrhundert, der auf Seite 69 im Kapitel *Magisches Wort und zauberhafter Klang* besprochen wurde.

Die Kraft von Pflanze und Pflanzengeist wird durch die direkte Ansprache wach- und hineingerufen. Dieses kann leicht in die eigene tägliche magische Praxis übertragen werden. Jede Pflanze, die zu zauberischen oder anderen Zwecken verwendet wird, kann auf diese Weise um mehr Kraft gebeten und die Wirkung verstärkt werden. Dies geht beispielsweise nach folgendem Muster:

> *XXX, erinnere dich, du hast die Kraft XXX und XXX zu tun.*
> *Ich bitte dich nun, gib hinein diese Kraft in diese(n) XXX (Speise, Räucherung, Tee, Zauber usw.)!*

Noch besser ist es, wenn eigene, von Herzen kommende Worte verwendet werden.

Ein ausführliches Beispiel zum Segnen und Wachrufen der Pflanzenkraft am Beispiel eines Kamillentees findest du auf Seite 170: Segen, Schutz, Heilung mit der Kraft der Kamille.

Nicht nur für Pflanzen

Das was für die Kraft und den Geist der Pflanzen gilt, ist ebenso gültig für Mineralien, Elemente, andere Gegenstände und sogar für Orte oder Himmelskörper. Erlebt man die Welt als beseelt, eröffnen sich zahlreiche Möglichkeiten, um die Kraft einer magischen Handlung zu verstärken.

Magische Tränke

In der Edda[20] finden sich Hinweise auf Getränke, die mit gutem Spruch und Zauberlied besungen und besprochen wurden.

Ein Beispiel wäre der Biersegen der Walküre Sigrdrifa, mit dem sie Sigurd rituell ein magisch aufgeladenes Bier überreicht.

Heute meist nicht mehr bekannt, aber damals war Bier das heilige Getränk der Germanen:

> *Bier bring ich dir (...)*
> *mit Macht gemischt und mächt'gem Ruhm;*
> *gefüllt ist's mit Zauberliedern, Heilungsrunen,*
> *mit guten Zaubersprüchen und Liebesrunen.*[21]

Zum Zauber gehört das Brauen, Sieden und Ausschenken heiliger sowie magischer Getränke, bei den germanischen Stämme war dies vor allem Sache der (Zauber)Frauen. Und wer kennt es nicht, das Bild der Zaubertränke brauenden Hexen, Druiden und Zauberinnen am dampfenden Kessel? Dieses in der Bilder- und Märchenwelt Europas so tief verankerte

Bild hat seinen Ursprung im tatsächlichen rituellen Brauen von heiligen, magischen und heilenden Tränken. Die Walküre Sigrdrífa bringt ihrem Sigurd nicht nur gesegnetes Bier, später unterweist sie ihn auch in Runen und Zauberkunde. Sie lehrt ihn *Lauch* oder vielmehr LAUKAR (ein magisches Wort) in sein Getränk zu werfen (es darüber sprechen/singen). *Laukar* ist ein magisches Runenwort, das für Gesundheit und Heilung steht. Mit ihm lassen sich (nicht nur) Getränke kraftvoll und heilsam aufladen.

Im Anleitungsteil sind verschiedene Zauber aufgeführt, bei denen Segen, Gesundheit etc. in ein Getränk gesungen oder gesprochen werden, auch für das magische Wort *Laukar* findest du dort eine Anleitung auf den Seiten 174 und 175.

Eine der einfachsten Möglichkeiten kraftvolle, alltägliche Zauber zu wirken ist es einen entsprechenden Tee aufzubrühen und dabei die Pflanzenkraft direkt hineinzurufen. Dies gelingt am besten, indem man Kraut, Wasser und fertigen Tee mit passendem Zauberwort bespricht oder besingt.

Löwenzahntee z. B. für klare Sicht beim Orakeln, Kamille für Heilung, Pfefferminze für Frieden, Gänseblümchen als Trost für das verletzte Herz usw. Die Anleitungen für konkrete Teezauber findest du im zweiten Teil des Buches, in der Zaubersammlung.

Wenn du erstmal die magischen Wirkungen deiner Lieblingskräuter kennst, kannst du auch selber entsprechende Zaubertees herstellen. Verwende immer nur Pflanzen und Zutaten, die du gut kennst und die für die innere Anwendung unbedenklich sind. Achte unbedingt auf die gesundheitliche Verträglichkeit deiner Mischungen, viele magische Pflanzen können toxisch (giftig) wirken. Frage im Zweifel Ärzte, Apotheker oder Kräuterfachleute deines Vertrauens.

Küchenmagie

In früheren Zeiten war die Feuerstelle oder der Herd das Zentrum des Hauses und ein heiliger Ort. Auch heute können wir in der Küche unsere Magie wirken, unsere Zauber auf dem Herd zusammenbrauen. Nicht nur in aufwendigen Ritualen, sondern auch im ganz normalen Alltag. Häufig kochen wir mit Zutaten, Gewürzen und Kräutern, die zusätzlich zum Geschmack auch Segen und Kraft mitbringen. Die besonderen Kräfte dieser Pflanzen können wir durch gute Worte, kleine Gesten und Aufmerksamkeit bewusst dem Essen hinzufügen.

Dazu gehört u. a. das Essen mit dem Sonnenlauf (d. h. im Uhrzeigersinn) umzurühren, um Segen und Kraft zu rufen. Bewusst Liebe, Mitgefühl und gute Wünsche hineingeben, indem wir sie bei der Zubereitung aussprechen. Das Singen von heilsamen und heiligen Liedern während des Kochens. Auch die Zutaten bringen so einiges an Kraft mit, die wir wecken können, indem wir es aussprechen, es uns bewusst machen und die Kraft wachrufen.

EINE KLEINE LISTE MIT BEISPIELEN	
Basilikum	Wohlstand*, Schutz*, Beruhigung*, Liebe
Bärlauch, Zwiebel, Lauch, Knoblauch	Heilung, Gesundheit, Schutz, Wachstum
Dost, Oregano *(Origanum vulgare)*	Schutz vor Schadenszauber und Flüchen
Honig	Heilkraft, Kreativität, Inspiration, Licht und Wärme, Süße*
Lorbeer	Erfolg, Weitblick, Heilung, Schutz
Orange	Anziehend*, Wohlstand*
Pfeffer	Schutz*, Aphrodisiakum
Quendel, Breitblättriger Thymian	Heilung, Gesundheit, Schutz vor Krankheit, Wachstum, Treue, Schutz, Kraft und Segen für Frauen, Wohlstand, Handel, gute Geschäfte
Rosmarin	Gesundheit, Schutz, Reinigung*, Liebe, Fruchtbarkeit
Salz	Reinigung, Segen und Schutz
Wacholder	Schutz, Ahnenverbindung, Mut, Kraft, Lebenskraft, Belebung
Zimt	Liebe*, Wohlstand*, Schnelligkeit*, Wärme*, Schutz vor Verzauberung

* Korrespondenzen aus dem Hoodoo (afroamerikanische oder afrokaribische Volksmagie)

Was sich ähnelt, ist verbunden.

Nach diesem magischen Prinzip versüßen Zucker und Honig nicht nur Getränke und Speisen, sondern können genutzt werden, um das Leben an sich zu versüßen und um erwünschte Kräfte anzuziehen. Voraussetzung ist, dass der Zucker ganz bewusst als versüßende, anziehende und magische Substanz angesehen wird.

Wer gerne Zucker in seinem Kaffee/Tee mag, kann diesen bewusst im Sonnenlauf umrühren (positiv anziehend) und dazu etwas sagen wie:

Ich versüße meinen Tag.

Oder wenn es für andere ist:

Für einen schönen Tag!

Noch mehr Kraft bringen wir in den Zucker, wenn wir ihn mit magischer Pflanzenkraft aufladen. Dazu brauchst du etwas Zucker und eine Pflanze, deren Kraft (und Aroma) du zusätzlich im Zucker wünschst z. B.:

Zimt	Reichtum*, Wohlstand*
Lavendel	Entspannung, innere Ruhe, Frieden
Orange	Kreativität*, neue Möglichkeiten*, Anziehung*
Vanille	Harmonie*, Liebe*, angstlösend

*Bedeutung vor allem im Hoodoo (afroamerikanische, afrokaribische Volksmagie)

Bevor du die Pflanze mit dem Zucker mischst, rufst du ihre Kraft wach, zum Beispiel so:

Lavendel, erinnere dich,
du hast die Kraft inneren Frieden
und Entspannung zu schenken, ich
bitte dich, gib diese Kraft hinein in
diesen Zauber.

Ganz nach Geschmack kannst du die Zutaten entweder grob mischen und durchziehen lassen oder du mahlst z. B. Lavendel und Orangenschalen im Mörser fein. Damit der Zucker nicht klumpt, werden am besten getrocknete Pflanzen verwendet. Das Mischungsverhältnis variiert ebenfalls nach Geschmack. Je länger Zucker und Pflanzen Zeit zum Durchziehen haben, umso stärker wird das Aroma.

Selbstverständlich sollten nur essbare, ungiftige und gut bekannte Pflanzen verwendet werden.

Da ein solcherart aromatisierter Zucker lange haltbar ist, kann er sehr gut auf Vorrat hergestellt werden.

Die verschiedenen magischen Zucker können in Kaffee, Tee, Milch oder auch beim Kochen und Backen verwendet werden.

ZAUBERWERK

Glühender Zauber – Räuchern

Beim Räuchern wird mit Hilfe der Glut Pflanzenkraft freigesetzt, die sich als Rauch im Raum verteilt. Die Auswirkung dieser Pflanzenkraft kann ganz unterschiedlich sein. So räuchern Menschen weltweit u. a. als Gabe an Götter und Geister, zur Reinigung und Klärung, aus medizinischen Gründen, zum Schutz vor negativen Kräften, als Orakel, zur Veränderung des Bewusstseins oder mit zielgerichteter zauberischer Absicht.

Die Geschichte des Räucherns ist beinahe so alt wie die Geschichte des Feuers. Schon früh bemerkten die Menschen an ihren Feuern, welche Gerüche von harzreichen Hölzern und bestimmten Pflanzen ausgingen, wenn man sie verbrannte. Und es fiel auf, wie sich der dabei entstehende Rauch auf die Anwesenden auswirkte. Stimmungsaufhellend, bewusstseinserweiternd, anregend usw. Mit den Jahrtausenden entstanden so viele regional unterschiedliche Räucherkulte, abhängig von den dort vorhandenen Pflanzen und Räucherstoffen. Auch in Europa gibt es einiges an überliefertem Brauchtum rund ums Räuchern.

Die Wahl der Räucherstoffe hängt von der erwünschten Wirkung ab. Es gibt viele mögliche Pflanzen und Mischungen. Du kannst deine Räucherungen selbst herstellen oder auch schon fertig kaufen.

Ich verwende beim magisch-schamanischen Räuchern am liebsten Pflanzen, die ich selbst achtsam gesammelt habe und die in meiner Umgebung wachsen. Nicht immer ist dies problemlos möglich, dann weiche ich auf Anbieter von Kräutern und Pflanzenteilen aus, die ich für vertrauenswürdig halte. Als magisch Wirkende existiert für mich nicht nur die materielle Welt, sondern auch die meist unsichtbare Anderswelt. Daher lege ich besonderen Wert auf eine Verbindung zum Pflanzengeist und auf dessen anderweltliche und zauberische Eigenschaften.

Einige Räucherzauber und -Rituale finden sich im Anleitungsteil auf den Seiten 120, 137 und 167.

Wie wird geräuchert?

Mit Räucherkohle

Am verbreitetsten ist die Räucherung auf glühender Kohle. Am einfachsten ist es dafür die speziellen Räucherkohlen aus dem Handel zu nutzen. Diese sind in Salpeter getränkt, zünden daher sehr schnell und glühen gut durch.

Nimm dafür ein feuerfestes Gefäß. Fülle etwas Sand oder auch Salz und platziere darauf seitlich eine Räucherkohle. Ich nutze zum Räuchern auch gerne einen feuerfesten Stein, auf den ich die Kohle direkt auflege. Die frisch angezündete Räucherkohle hat einen intensiven Eigengeruch, es macht daher Sinn, sie eventuell in einem anderen Raum anzuzünden und dann zu lüften.

Zünde die Räucherkohle seitlich an. Lege sie hin, sobald der Funke etwa halb durch die Kohle gewandert ist. Warte, bis die Kohle ganz durchgeglüht ist. Jetzt können die gewünschten Räucherstoffe auf die Kohle gestreut werden. Der Rauch steigt augenblicklich auf. Mit einem Räucherfächer, einer Feder oder auch mit der Hand kann der Rauch vorsichtig im Raum verteilt werden. Auf Funkenflug achten. Sobald es beginnt verbrannt zu riechen, solltest du die verkohlten Räucherstoffe vorsichtig von der Kohle streifen. Dazu kannst du einen Holzstab, einen Löffel oder Ähnliches nutzen. Danach kann neues Räucherwerk auf die Kohle gestreut werden.

Du solltest deine Räucherung nicht alleine lassen und vor dem Entsorgen sicherstellen, das die Glut vollständig erloschen und kalt ist.

Räuchern auf dem Stövchen

Statt mit Räucherkohle kannst du auch auf dem Räucherstövchen räuchern. Diese Methode ist um einiges sanfter und weniger rauchintensiv. Die Kräuter und Harze verbrennen nicht, sondern verglimmen deutlich langsamer. Viele Räucherstoffe profitieren sehr davon. Der Duft, der sich im Raum ausbreitet, ist auch feiner und weniger brenzlig.

Zum Räuchern auf dem Stövchen benötigst du ein geeignetes Räucherstövchen (gibt es im Handel), ein Teelicht und ein Sieb zum Auflegen der Räucherstoffe. Sobald die Kerze unter dem Sieb an ist, kannst du die Räucherstoffe auf das Sieb geben. Wenn du Harze verräucherst, werden diese mit der Zeit das Sieb verkleben. Du kannst es dann mit einer Drahtbürste reinigen oder es im offenen Feuer vorsichtig ausbrennen.

Ich räuchere besonders zarte, kräuterhaltige Räucherstoffe wie das Mädesüß und *Wohlfühl-Räucherungen* gerne auf dem Stövchen. Auch wenn länger in einem Raum geräuchert werden soll und nicht vor allem rituell, eignet sich diese sanfte Räuchermethode.

Räuchern mit dem Räucherbündel

Viele Räucherpflanzen wie Salbei, Beifuß, Lavendel, Mädesüß und andere lassen sich gut zu Räucherbündeln oder Zöpfen binden. Diese kannst du dann direkt anzünden, die Flamme auswedeln und vorsichtig verglimmen lassen. Eventuell immer nochmal Luft mit einem Räucherfächer zufächeln, um die Glut nicht verlöschen zu lassen. Vorsicht dabei mit dem Funkenflug. Ich verwende Räucherbündel besonders gerne bei der Hausreinigung oder auch draußen. Die Bündel lassen sich sehr leicht selbst herstellen.

Dazu lasse ich die Kräuter leicht anwelken, dann lege ich sie, möglichst gleichmäßig, aber stufig, aneinander, sodass überall etwas die gleiche Menge an Blüten, Blättern und Stielen zusammenliegen. Es sollte nicht wie ein Kräutersträußchen aussehen, sondern eher wie eine möglichst gleichmäßige Rolle.

Dann wird das Bündel zwei Mal mit Baumwollband zusammengeschnürt. Die Bündel jetzt luftig, trocken und ohne direktes Sonnenlicht zum Trocknen aufhängen. Nach der vollständigen Trocknung dunkel lagern.

Beifuß statt Räucherkohle

Für diejenigen die gerne mit Beifuß räuchern und seinen Geruch mögen, bietet sich noch eine weitere Alternative zur Räucherkohle.

Rolle dazu einige Blätter und Blüten des Beifußes zwischen deinen Handflächen zu einer Kugel zusammen.

Entzünde diese, fächle ihr, wenn notwendig, ein wenig Luft zu, damit die Glut kräftig wird. Der Beifuß wird nun ganz von alleine weiterglimmen und -rauchen.

Du kannst auf die glimmende Beifuß-Kugel auch kleine Mengen anderen Räucherwerks geben, und so ganz ohne Kohle, Stövchen oder Räucherbündel ein kleines Räucherritual zelebrieren. Je feiner das zusätzliche Räucherwerk ist, umso besser klappt es.

Die Beifußkugel glimmt nicht so lang wie die typischen Kohletabletten, dafür ist sie natürlich um einiges nachhaltiger, es gibt keinen störenden Kohlegeruch und die Rauchentwicklung ist insgesamt dezenter.

Diese Methode klappt am besten mit grobem, selbst gesammeltem Beifuß. Der oft fein gehackte Beifuß aus dem Kräuterhandel lässt sich nicht ganz so leicht zu Kugeln formen, es funktioniert aber auch damit.

Räucherpflanzen

Der Zweck der Räucherung bestimmt die Wahl der Räucherstoffe. So wird für eine reinigende Räucherung am Beginn eines magischen Rituals oder einer schamanischen Sitzung etwas anderes verwendet als für eine Dankesräucherung an die Geister oder für eine Schutzräucherung.

Im heutigen nordischen Schamanismus sowie in der heimischen Alltags-Magie ist ***Beifuß*** eine der häufigsten Räucherpflanzen. Sie wird sowohl auf Kohle als auch als Räucherbündel verräuchert.

> Vom Beifuß heißt es, dass er als Räucherung schützt, segnet und reinigt. Er vertreibt alles Negative oder Störende, bereitet auf den Seelenflug vor, öffnet das Bewusstsein und stärkt die Intuition.

Im Core-Schamanismus und einigen anderen Richtungen wird viel ***Weißer Salbei*** zur Reinigung geräuchert. Der Weiße Salbei stammt aus Nord-Amerika und wurde dort ursprünglich von verschiedenen Stämmen der Natives in heiligen Ritualen verwendet. Die boomende Verwendung des Weißen Salbeis in der Esoterik- und Schamanismus-Szene hat dort zu einigen Problemen und Verwerfungen geführt. So empfinden viele Natives es als unangemessene kulturelle Aneignung, wenn weiße Europäer ihre Häuser mit einer amerikanischen heiligen Pflanze ausräuchern. Der Anbau und die massenhafte Ernte des Weißen Salbeis führen auch ökologisch bereits zu Problemen. Ich rate daher von der Verwendung des Weißen Salbeis ab und empfehle, entweder selbst europäischen Salbei anzubauen und zu verwenden oder Beifuß und andere hiesige Pflanzen zu räuchern. Gerade der Beifuß ist sehr viel mehr als nur ein *Ersatz* für den Weißen Salbei und ein sehr kraftvoller Pflanzengeist.

EINIGE HEIMISCHE RÄUCHERSTOFFE UND IHRE MÖGLICHEN ANWENDUNGSBEREICHE

RÄUCHERSTOFF	THEMEN, DIE IN VERBINDUNG STEHEN
Beifuß *(Artemisia vulgaris)*	Reinigung, Schutz, Segen, Göttin Freya, Sonnenwende, Sonnenkraft
Bernstein	Reinigung, Abwehr, vertrauensstärkend, Sonnenkraft, Liebe
Brennnessel *(Urtica)*	Schutz, Fluchbrecher, Abwehrkraft, Schutz vor Gewitter, Thor
Echtes Eisenkraut *(Verbena officinalis)*	Schutz, Abwehr, Förderung von Traumerinnerung, Unterstützung für die eigenen Grenzen, macht sympathisch, Frieden
Fichte – Harz, Nadeln *(Picea)*	Reinigung, Desinfektion, klärt den Geist, hilft bei der Konzentration, Schutz, unterstützt Heilung
Habichtskraut *(Hieracium pilosella)*	Stimmungsaufhellend, stärkt die Intuition, Reinigung, Hellsicht
Holunder – Blüten, Mark *(Sambucus nigra)*	Schutz, Heilung, unterstützt bei der Findung der Lebensaufgabe, Schwellenräucherung, hilft den richtigen Zeitpunkt zu finden
Johanniskraut *(Hypericum perforatum)*	Schutz, stimmungsaufhellend, Klärung, Sonne, Licht, Segen, Traurigkeit, hilft bei Spannung und Streit, Liebeskummer, Schutz vor dunklen Energien
Kamille *(Matricaria chamomilla L.)*	Harmonie, angstlösend, Segen, Reinigung, Gesundheit
Kiefer – Harz, Nadeln, Rinde, Holz *(Pinus)*	Schutz, Reinigung, stimmungsaufhellend, wärmend, bringt ans Licht, stärkend
Lavendel *(Lavandula)*	Frieden, Ruhe, Reinigung, Klarheit, Segen, Schutz, verhilft zu klaren Visionen
Mädesüß *(Filipendula)*	Fördert die Intuition, unterstützt Neuanfänge, fördert Intuition und Traumbewusstsein
Minze *(Mentha)*	Reinigung, Austreibung, Klärung, Beruhigung, Entspannung

Quendel *(Thymus)*	Handel, Wohlstand, Reinigung, Schutz, grenzstärkend, Traumen
Rose *(Rosa)*	Liebe, Glück, Versöhnung, Heilung, weiht und segnet
Rosmarin *(Salvia rosmarinus)*	Herzöffnung, Liebe, Schwellenräucherung
Schafgarbe *(Achillea millefolium)*	Intuitionsfördernd, unterstützt Orakel und Traumarbeit
Tanne – Nadeln, Harz *(Abies)*	Stärke, Licht, Schutzschild, stärkt die Nerven, Lebenskraft, Mut
Waldmeister *(Galium odoratum)*	Glück, Entspannung, wehrt Schadenszauber ab, Heilung, Sieg
Wacholder *(Juniperus)*	Zauber, Schutz, Reinigung, Frau Holle, Kontakt zur Erde, Naturgeister (Hollen), reinigend, stärkend

Räucherstoffe achtsam sammeln

Beim Sammeln von Pflanzen und Harzen schenke ich den Orts- und Pflanzengeistern eine kleine Gabe. Das kann ein Schluck Wasser, eine kleine Muschel, ein Lied oder auch mal ein klein wenig Whisky sein. Je nachdem was mir in den Sinn kommt, lasse ich mich von meiner Intuition und den Geistern leiten. Wichtig ist nicht zu viel zu nehmen, immer genug stehen zu lassen, nichts zerstören und keinen Müll zurückzulassen.

Meiner Erfahrung nach wirken die pflanzlichen Räucherungen am kraftvollsten, zu denen ich eine persönliche Beziehung habe und/oder die in meiner Umgebung wachsen.

Magische Öle

Das Salben von Kerzen, Personen oder Gegenständen mit magischen oder heiligen Ölen ist beliebter Brauch in vielen magischen Traditionen. Gut belegt ist er z. B. bei Römern, Ägyptern, Griechen und einigen anderen antiken Völkern. In Nordeuropa finden sich aus Mangel an geeigneten Pflanzen weniger pflanzliche Öle wie Olivenöl als vielmehr Öle und Fette auf Basis tierischer Bestandteile, wie Butter oder Schmalz in der magischen Praxis. Magische Auszüge mit Butter werden u. a. in der angelsächsischen Handschrift *Lacnunga* erwähnt. Auch im späteren Volksbrauchtum in Skandinavien und im deutschsprachigen Raum findet sich Butter als Salbengrundlage und als magische, ja sogar heilige Zutat. Butter zu magischen Zwecken verwendet zu haben war ein verbreiteter Vorwurf in den Hexenprozessen des späten Mittelalters und der Neuzeit. Aus der Bibel und den christlichen Kirchen sind heilige

Öle und Salbungen vor allem auf Basis von Pflanzenölen bekannt. Im nordamerikanischen Hoodoo und in den afro-karibischen Kulten gibt es besonders zahlreiche heilige, zauberkräftige Öle und typische Ölmischungen.

Heutige magische Öle werden meist aus einer Pflanzenöl-Basis wie Mandelöl, Olivenöl, Sonnenblumenöl etc. hergestellt und dann mit ätherischen Ölen, Harzen, Pflanzenteilen, Mineralien etc. gemischt. Bei der Herstellung solcher Öle für den persönlichen Gebrauch benötigt man nur kleine Mengen. Je nach Inhaltsstoffen sind die Öle auch nur 1–3 Jahre haltbar. Man kann eigenen Ölmischungen auch ein oder zwei Tropfen Vitamin E zufügen, damit sie länger haltbar sind.

Um ein magisches Öl herzustellen, wählt man die Zutaten aus, die die eigene Absicht am besten unterstützen. Für ein Öl, das Liebe anziehen soll, vielleicht Rose, Lavendel und Rosmarin – als frische oder als getrocknete Kräuter und/ oder als ätherisches Öl. Zusätzlich kann man noch Rosenquarz oder Bernstein in das Ölfläschchen geben.

Wie bereits häufiger erwähnt, muss jede einzelne Zutat passend besprochen oder besungen werden mit Anrufungen an die Pflanzen- und Mineralgeister selbst sowie an die entsprechenden Kräfte des Universums. Magische Öle können zusätzlich mit der passenden Zeitqualität durch Mond, Sonne und Planetenkonstellationen geladen werden. Auch der Ort, an dem sie hergestellt oder aufbewahrt werden, kann das Seine dazugeben. Passende Symbole auf oder im Fläschchen können zusätzlich hilfreich und unterstützend wirken. Magische Öle sollten mehrere Tage oder sogar Wochen ziehen und zwischendurch, am besten täglich, immer wieder besprochen, geschüttelt und aufgeladen werden. Ein Schutzöl z. B. könnte an einem Donnerstag, Thors Tag, an oder kurz vor Vollmond gemischt werden. Täglich zur Mittagszeit wird es neu besungen und geschüttelt. Dazwischen steht es auf einem schützenden Symbol oder an einen besonderen Ort. Ich lasse meine Öle gerne einen vollen Mondlauf ziehen oder nach Gefühl.

Am Ende dieses Prozesses ist das Öl beinahe so etwas, wie ein *Instantzauber*, der auf ganz unterschiedliche Weise verwendet werden kann. Kerzen können damit gesalbt werden, man kann (je nach Zutaten) das Öl als Badezusatz verwenden, Türschwellen damit weihen und schützen, magische Gegenstände aufladen usw.

Kerzenzauber

Feuer spielen in Zauberei, Religion und Volksmagie eine große Rolle. Zahlreiche Riten und Sitten rund ums Feuer sind überliefert.

Die kleine Schwester der großen Feuerzauber ist die Kerzenmagie. Ganz ursprünglich entstammen Kerzenzauber den sehr viel älteren und vielfältigen Feuer- und Herdfeuer-Zaubern wie etwa den Not-Feuern oder auch den jahreszeitlichen Feuerbräuchen. Das Licht in der Dunkelheit, die flackernde Flamme – zu all dem haben Menschen bereits seit Jahrtausenden einen magischen Bezug und versuchen, die Kraft von Feuer und Licht zu nutzen.[22]

Kerzenzauber gehören zu den beliebtesten und verbreitetsten Zauberformen in der Volksmagie. In seiner einfachsten Form kennen wir Kerzenzauber wohl alle, wenn wir Geburtstagskerzen auspusten und uns dabei fest etwas wünschen. Kerzenzauber lassen sich frei von religiösen und weltanschaulichen Bindungen ausüben, obwohl ein Teil ihrer bis heute andauernden Beliebtheit und Verbreitung auch auf die kirchlichen Bräuche der Kerzenweihe zurückgeht.

Beim Kerzenzauber ist nicht nur die Flamme magisch und wichtig, sondern auch das Material: die Kerze selbst. Unseren Wunsch oder unser Gebet ans Universum verankern wir bei diesen Zaubern in einen Gegenstand, in die Kerze. Mit dem Abbrennen der Kerze (oder bei der Geburtstagskerze beim Auspusten) überträgt sich dieser Wunsch auf das feine Gewebe des Universums und zieht die für die Verwirklichung nötigen Dinge an. Beispiele für solche Kerzen sind die sogenannten Schauer- oder Gewitterkerzen. Dies sind gesegnete Kerzen, die vor allem im alpenländischen Brauchtum auch heute noch bei nahendem Unwetter Blitzeinschläge oder Sturm- und Wasserschäden fernhalten sollen. Im christlich-katholischen Kontext findet man sie sowohl in Schwarz oder Weiß als auch aufwendig verziert mit entsprechenden Heiligenbildern und kann sie in vielen Wallfahrtsorten kaufen. Ebenso können Kerzen auch Personen geweiht werden. In einem solchen Fall ist die Kerze ein Stellvertreter der Person.

Wir können unsere eigenen Wetter- und Segenskerzen herstellen, sie können wie in alten Zeiten dem Schutz vor Unwettern dienen, im wortwörtlichen wie im übertragenen Sinn. Oder sie können Gewünschtes in unser Leben ziehen, wie Glück, Gesundheit oder Frieden, je nachdem, womit sie aufgeladen und besprochen wurden.

Die Flamme der Kerze kann dabei als anziehendes Leuchtfeuer für das Gewünschte dienen, als Kristallisationspunkt des Willens oder auch als transformierende Kraft, die Unerwünschtes fortbrennt.

Ablauf Kerzenzauber – Standard

Die heute unter magiewirkenden Personen gebräuchlichen Formen der Kerzenzauber sind meist stark beeinflusst von kirchlichen Bräuchen wie Lichtmess, Kerzenweihe etc. sowie von den Vorgehensweisen in der lebendigen afroamerikanischen Volksmagie Hoodoo.

Lege dir alle Zutaten und eventuellen Werkzeuge, die du benötigst, bereit. Nutze für Kerzenzauber feuerfeste Unterlagen. Beim Kerzenzauber wird die Kerze manchmal auch mit zusätzlichen, trockenen Pflanzenteilen bestreut, dies lässt sie mit größerer Flamme und heißer brennen. Daher am besten keine hölzernen Kerzenhalter benutzen und die Kerze, wenn sie brennt, nicht alleine lassen.

Du brauchst:

- Kerze (in passender Farbe oder weiß)
- Feuerfeste Unterlage, Kerzenhalter oder -teller
- Getrocknete Kräuter (passend zur erwünschten Wirkung)
- Öl zum Salben der Kerze, am besten passend zur erwünschten Wirkung
- Eventuell einen Mörser zum Zerkleinern der Kräuter
- Etwas zum Ritzen ins Wachs der Kerze, falls du etwas in die Kerze ritzen möchtest, Zeichen oder Worte. Dies kann ein kleines Messer sein, ein Nagel, ein Zahnstocher oder Ähnliches.

Schritt 1 – die Reinigung

Reinige alles, was du an Werkzeugen und Gegenständen (Kerze, Teller etc.) benutzen möchtest, nach einer von dir bevorzugten Methode. Räucherung, Gesang, reinigendes Duft-Wasser, Vier-Diebe-Essig, Salz und Wasser etc. Anleitungen dazu findest du im Rezeptteil. Dein Zauberöl und deine Kräuter brauchst du nicht extra zu reinigen.

Wenn du die Kerze beim Reinigen (oder auch später beim Einölen) mit den Händen abstreifst, bewege deine Hände immer zum Docht hin nach oben, wenn du etwas anziehen möchtest oder wenn etwas zunehmen soll. Bewege sie in umgekehrter Richtung, wenn du etwas fortschickst oder bannst. Dies bedeutet bei einer Kerze, die z. B. Wohlstand anziehen soll, dass die Bewegung immer Richtung Docht geht, und bei einer Kerze, die stattdessen die Armut bannen soll, die Bewegung vom Docht wegführt. Diese Handlung folgt dem Prinzip der Ähnlichkeit.

Nach der Reinigung der Kerze reinigst du dich selbst ebenfalls nach einer von dir bevorzugten Methode.

Auch der Kerzenständer wird entsprechend gereinigt.

Schritt 2 – ins Wachs ritzen

Du kannst nun dein Anliegen, deinen Namen, magische Zeichen, Runen oder womit auch immer du vielleicht arbeiten möchtest, auf die Kerze ritzen. Bei einem Wohlstandszauber vielleicht deinen Namen und drei Mal das Wort „Wohlstand".

Da Energie der Aufmerksamkeit folgt, ist es wichtig, dass du dich während der gesamten Herstellung ganz auf deine Absicht, dein Ziel konzentrierst. Während du deine Worte oder Zeichen in die Kerze ritzt, kannst du z. B. deine Absicht schon hineinsingen und sprechen.

Schritt 3 – Kerze salben

Im nächsten Schritt wird die Kerze mit „Zauberöl" eingerieben. Dies kann ein magisches Öl sein, das du schon vorher hergestellt hast, eine Mischung aus passenden ätherischen Ölen, ein Pflanzenauszug in Öl

oder auch einfaches Pflanzenöl, das du durch Zaubersprüche, Gesänge und Gebete mit der entsprechenden Kraft aufgeladen hast. Auch hier gilt wieder, Energie folgt der Aufmerksamkeit. Sei ganz bei der Sache und singe, sprich deine Absicht, deine Gebete und Zauber am besten fortwährend. Wenn die Kerze gesalbt ist, folgt der nächste Schritt.

Schritt 4 – Kräuterpulver

Nun kannst du die Kerze in einer Mischung aus gemahlenen Kräutern wälzen. Wie das Öl und die Kerze sollten auch die Kräuter vorher besprochen, wachgerufen und auf die Absicht ausgerichtet worden sein.

Schritt 5 – Entzünden

Beim Entzünden der Kerze spielt häufig der richtige Zeitpunkt eine Rolle. Wähle selbst einen Zeitpunkt, bei dem du das Gefühl hast, dass er gut zu seiner Zauberabsicht passt. Dies kann ein besonderer Wochentag sein, eine Uhrzeit, ein Sonnenstand, eine Mondphase oder etwas anderes. Energie folgt der Aufmerksamkeit und je besser die einzelnen Handlungen aufeinander abgestimmt sind und die Aufmerksamkeit lenken, umso leichter fließt die Energie in die gewünschte Richtung.

Die Wahl der richtigen Kerze bzw. Kerzenfarbe

Auch beim Kerzenzauber spielen die magischen Prinzipien, besonders das Prinzip der Ähnlichkeit, eine wichtige Rolle.

Hier gilt ebenso:

Energie folgt der Aufmerksamkeit!

Je klarer die Aufmerksamkeit und die Konzentration von Zauber und Zauberndem auf das Erwünschte ausgerichtet sind, desto besser funktioniert der Zauber.

Die Kerzenfarbe

Farben spielen für die Wahrnehmung der meisten Menschen eine große Rolle. Sie beeinflussen unsere Stimmung und lenken unsere Aufmerksamkeit. Aus diesem Grund sind sie auch in der Kerzenmagie bedeutsam. Welche Farbe wofür steht, ist dabei abhängig von der Weltanschauung und der örtlichen Tradition. Im Zweifelsfall solltest du bei der Auswahl der Farbe nach deinem eigenen Gefühl gehen und prüfen, ob die hier vorgestellten Zuordnungen für dich Sinn machen:

KERZENFARBEN

FARBE	ZUORDNUNGEN
Weiß	Reinigung, Reinheit, Heilung, Hingabe, Licht, Erinnerung, Kontakt mit den Toten, Ahnen Weiße Kerzen können in der Kerzenmagie für alles andere genutzt werden, denn Weiß enthält alle anderen Farben.
Rot	Leidenschaft, Schnelligkeit, Kraft, Lebendigkeit, Hitze, Libido, Schutz, Liebe
Gelb	Klarheit, Kommunikation, Erfolg, Glück, Sonne, Gold, Wohlstand, Selbstbewusstsein
Orange	Neuanfang, Kreativität, Kontrolle
Lila	Kraft, Medialität, Kontrolle, Schutz
Schwarz	Gegen negative Kräfte, Schutz, um negative Menschen fernzuhalten, Trauer, aber für manche auch: Schaden, Negatives, dunkle Kräfte
Rosa	Liebe, Romantik, Freundschaft, Anziehung, Erfolg
Grün	Wohlstand, Fruchtbarkeit, Geld, Reichtum, Glück, Gärten, Wachstum
Blau	Frieden, Gesundheit, Segen, Harmonie, Bewusstsein

Magische Blütenwässer

Besondere Gerüche und Düfte spielen nicht nur beim Räuchern eine Rolle. Die Menschen beobachteten schon früh, dass Düfte einen starken Einfluss auf das Unterbewusste hatten und den Geist anregten. Ebenso bemerkte man, dass auch Schädlinge und Insekten davon beeinflusst wurden, sowie Krankheit und Leid. Daraus entstanden unterschiedliche Bräuche und Sitten. Wohlgeruch wurde vielerorts als Zeichen von Gesundheit erachtet. Lavendelwasser und Lavendelduft als Zusatz im Bad war schon bei den Römern beliebt. In Nord- und Mitteleuropa kannte man das Räuchern duftender Pflanzen und bestreute Fußböden und Bettstroh mit aromatischen Kräutern. Die heutige Parfum- und Duftkultur nahm aber wohl im alten Ägypten und Indien ihren Anfang. Eingang in die abendländische Kultur fanden die Düfte des Orients vor allem mit den Kreuzzügen. Die ersten ätherischen Öle kamen im 15. Jahrhundert in den Handel, nachdem die technischen Möglichkeiten zur Destillation entwickelt waren:

Der Arzt und Alchimist Hieronymus Brunschwig schrieb um 1507:

> *„Das Destillieren ist nichts anderes, als das Subtile vom Groben und das Grobe vom Subtilen zu scheiden, das Gebrechliche oder Zerstörbare unzerstörbar, das Materielle immateriell, das Leibliche geistig und das Unschöne schöner zu machen."*

Hydrolate

Hydrolate sind heute Nebenprodukte bei der Wasserdampfdestillation von Pflanzen oder deren Teilen[23] bei der Gewinnung ätherischer Öle. Ursprünglich gewann man zunächst *nur* die duftenden Wässer, bis die technischen Möglichkeiten anderes erlaubten. Hydrolate enthalten die wasserlöslichen Pflanzeninhaltsstoffe sowie ätherische Öle. Sie wirken ähnlich den entsprechenden ätherischen Ölen, jedoch milder. Da sie auch die wasserlöslichen Inhaltsstoffe enthalten, kann die Wirkung leicht vom reinen ätherischen Öl abweichen. Reine Hydrolate, also ohne den Zusatz von Alkohol, verkeimen häufig schnell und sind manchmal nur wenige Wochen haltbar. Gemischt mit Alkohol und weiteren ätherischen Ölen erhöht sich die Haltbarkeit. Sie eignen sich hervorragend zur magischen Reinigung und als Zusatz für magische Bäder, Waschungen, als Auraspray oder auch zur Raumreinigung. Auf Hygiene muss bei der Arbeit mit reinen Hydrolaten verstärkt geachtet werden, damit es nicht zu Verunreinigungen kommt.

Du kannst Hydrolate verschiedenster Pflanzen pur zur spirituellen Reinigung und Segnung verwenden. Dazu rufst du am besten ihre Pflanzenkraft wach und besprichst/besingst sie entsprechend ihres Verwendungszwecks.

Mehr über Hydrolate, ihre Herstellung und Verwendung in Kosmetik und Kräuterkunde kannst du in dem Buch *Hydrolate, Sanfte Heilkräfte und Pflanzenwasser* von Ingrid Kleindienst-John erfahren.

Wunderwasser und Eau de Cologne

Unter dem Begriff ***Aqua mirabilis*** (deutsch: Wunderwasser, französisch: Eau admirable, italienisch: Aqua mirabile) sind verschiedenste Duftwässer mit und ohne Alkohol in Europa seit mindestens dem 14. Jahrhundert in Gebrauch. Der Name **Aqua mirabilis** ist ein Oberbegriff für alle alkoholischen und nichtalkoholischen Pflanzenwässer. Es konnte sich dabei um ein medizinisches Wasser wie Franzbranntwein, Melissengeist oder um Duftwässer wie Eau de Cologne (Kölnisch Wasser), Eau de Parfum, Parfüm, After Shave oder Gesichtswässer handeln. Duft, so glaubte man häufig, halte Krankheitsgeister fern und würde die Luft desinfizieren.

In Köln erfand der Italiener Johann Maria Farina im 18. Jahrhundert ein Aqua mirabilis (Duftwasser), welches er zu Ehren seiner neuen Heimat Köln **Eau de Cologne**, Kölnisch Wasser, nannte. Es war stark alkoholhaltig (70 %).

> *Mein Duft ist wie ein italienischer Frühlingsmorgen nach dem Regen, Orangen, Pampelmusen, Citronen, Bergamotte, Cedrat, Limette und die Blüten und Kräuter meiner Heimat.*
>
> Johann Maria Farina

Das Kölnisch Wasser wurde ein großer Erfolg und verkaufte sich bald in ganz Europa. Von Johann Wolfgang von Goethe heißt es, er habe in Eau de Cologne getränkte Taschentücher in seiner Nähe aufbewahrt. Der französische Philosoph Voltaire soll es *ein Duftwasser, das den Geist inspiriert* genannt haben.

Sultan Abdülhamid II. begann im 19. Jahrhundert Eau de Cologne in das Osmanische Reich zu importieren. Zunächst nur an die Höfe und Paläste, dann jedoch aufgrund der desinfizierenden Wirkung auch für die normale Bevölkerung. 1882 wurde die erste Pafümfabrik im Osmanischen Reich gegründet. Die Bevölkerung nannte das Eau de Cologne zunächst Odikolon und später **Kolonya**. Mittlerweile sind Kolonya in mehr als 190 Duftsorten erhältlich und ein fester Bestandteil der türkischen Kultur. Traditionell wird Gästen Kolonya angeboten, sobald sie das Haus betreten. Kranken werden damit Gesicht und Hände gereinigt.

Florida-Wasser

In vielen magischen Traditionen vor allem aus der Karibik und den USA sind alkoholhaltige spirituelle Duftwässer gebräuchlich, die der Reinigung, als Opfergabe und zur Segnung dienen. Am bekanntesten sind vermutlich das **Florida Water** (Florida-Wasser) und das **Agua de Florida**. Wobei die Namen nicht vom US-Bundesstaat Florida kommen, sondern vom lat. *Floris* – Blume / Florida – blühend. Beide Namen bedeuten also *Blütenwasser.*

In Europa war das Florida-Water genau wie andere Duftwässer vor allem wegen seiner erfrischenden Wirkung und seines Duftes beliebt. Schwere Parfums galten besonders im 19. Jahrhundert als anrüchig, und so empfahl manches Benimmbuch Florida-Water und andere Eau de Colognes zum Beduften von Taschentüchern für die Belebung von Körper und Geist.

Heute im Handel erhältlich und im Gebrauch vieler Magiewirkender ist das typische Agua de Florida/Florida Water von Murray & Lanman. Dieses gibt es in zwei Varianten. In der bläulich schimmernden Variante (Florida Water), wie es vor allem in den USA und im afroamerikanischem Hoodoo verwendet wird, und in der eher gelblichen Variante (Die Peru-Edition – Agua de Florida Peru), die vor allem auch im südamerikanischen Schamanismus genutzt wird. Hauptbestandteile des Florida-Waters sind: Bergamotte, Lavendel, Limone, Nelke, Zimt, Neroli, Jasmin, Moschus, Alkohol und Rosenwasser. Die Ansichten, welches das bessere kommerzielle Florida-Wasser ist, gehen auseinander und sind manchmal Gegenstand lebhafter Diskussionen. Beide Varianten sind jedoch industriell, von derselben Firma hergestellte, relativ billige Eau de Colognes, die auch synthetische Duftstoffe enthalten, weshalb ich gerne mein eigenes spirituelles Blütenwasser herstelle.

Ein persönliches spirituelles Blütenwasser

Blütenwässer eignen sich für Reinigungen, für Zauber und Segen, für spirituelle Bäder sowie als Gabe an die guten Geister. Das *Geheimnis* des Blütenwassers liegt in seinem Duft, der alles Schädliche vertreiben und alles Gute anlocken soll, in den verwendeten Pflanzen und der ihnen innewohnenden Pflanzenkraft sowie in der Kraft der Gebete und Segen, mit denen es besprochen wird.

Die Duftwässer können in Sprühflaschen gefüllt und als praktische *Reinigung und Segen to go* verwendet werden. Man kann etwas davon ins Wischwasser beim Hausputz geben, mit etwas Salz vermischt in die Badewanne oder ins Weichspülerfach der Waschmaschine.

Die Anwendungsmöglichkeiten eines Blütenwassers sind sehr vielfältig. Besonders praktisch ist, dass man hiermit auch sämtliche Zauberutensilien schnell und effektiv von allen möglichen Anhaftungen befreien kann. Denn Zauber funktionieren natürlich dann besonders gut, wenn möglichst wenig ungewollte Energien die Wirkung beeinträchtigen. Pflanzenteile müssen wir nicht reinigen, aber Kerzen, Stifte, Teller etc. am besten schon.

Ein einfaches Rezept zur Herstellung eines eigenen magischen Blütenwassers findest du auf Seite 126.

MAGISCHE KORRESPONDENZEN

Ein großer Teil der Alltags- und Volksmagie orientiert sich am Prinzip der Ähnlichkeit: Was sich ähnelt, ist verbunden. Dadurch entstehen sogenannte magische Korrespondenzen. Korrespondenz stammt vom lateinischen *correspondentia* und bedeutet wörtlich *gegenseitige Beantwortung*. In Bezug auf die Alltagsmagie bedeutet dies, dass Pflanzen, Düften, Mineralien etc. eine Verbindung zu bestimmten Themen nachgesagt wird. Sie stehen im Austausch miteinander und reagieren aufeinander. Orangen z. B. sollen anziehend wirken für gute Geschäfte und auf Menschen. Interessant ist, wie oft sich diese magischen Korrespondenzen mit tatsächlichen Wirkungen überschneiden können. So soll das Auswischen von Geschäftsräumen mit Orangenöl in der Alltags-Magie zahlende Kunden anlocken. Und tatsächlich konnte man im Experiment nachweisen, dass sich der Duft der Orange positiv auf Verkaufsgespräche auswirkt. Wissenschaftler fanden experimentell in einem Einrichtungskaufhaus in St. Gallen heraus, dass der Orangenduft in der Luft für einen um 20 Prozent gestiegenen Umsatz sorgte.[24]

Andere magische Verknüpfungen in der Volksmagie entstanden durch Ähnlichkeiten in der Form, wie beim Auge der Fatima, durch Erfahrung und Beobachtung, durch Mythen usw. Diese Verknüpfungen (Orange zieht Geschäftskunden an, Zucker versüßt, Salz schützt) sind die Grundlage vieler alltags-magischer Handlungen und Rezepte. Manche dieser Verknüpfungen erscheinen uns heute willkürlich oder unsinnig, dennoch verbirgt sich meist ein tieferer Sinn dahinter.

Zum schnellen Nachschlagen von traditionellen, magischen Verknüpfungen findest du hier eine Tabelle mit einer Auswahl.

WICHTIG: In dieser Liste geht es ausschließlich um volksmagische und energetische Verwendungen der erwähnten Stoffe. Einige der hier aufgeführten Zutaten sind giftig bei innerer Anwendung, Überdosierung oder Hautkontakt. Verwende nur solche Zutaten, die du gut kennst und um deren Wirkungen du weißt. Sind dir eventuelle Nebenwirkungen nicht bekannt, recherchiere diese bitte sorgfältig. Schwangere, Allergiker, Menschen mit Erkrankungen müssen besondere Sorgfalt walten lassen. Gleiches gilt für das Wirken mit Kindern und Tieren. Auch beim Räuchern können Giftstoffe freigesetzt werden. Magische Zutaten, Pflanzen und ätherische Öle sind außerhalb der Reichweite von Kindern und Tieren aufzubewahren. Schwangere und Personen mit medizinischen Problemen sollten einen Arzt befragen, bevor sie mit ätherischen Ölen und Pflanzen wirken. Ätherische Öle nicht innerlich und vorsichtig anwenden.

PFLANZE / DUFT / ÖL / GEGENSTAND	MAGISCHE KORRESPONDENZ / THEMA
	Stärkt beim Orakel, wehrt Unheil ab, Kraft, Schutz, Zauber
Angelica, Engelwurz *(Angelica archangelica)*	Schutz, Segen, Heilung, Schutz vor Schadenszauber, wirksam gegen Ängste, stärkt das Urvertrauen
Apfel *(Malus)*	Fruchtbarkeit, Liebe, Verjüngung, Gesundheit
Basilikum *(Ocimum basilicum)*	Schutz, Glück, Frieden, Geld, Erfolg

Beifuß *(Artemisia vulgaris)*	Reinigung, Schutz, Segen, Abwehr von Krankheiten, hält das Böse fern, unterstützt die Intuition und das magisch-schamanische Wirken. Stärkt Traumerinnerung und Traumfähigkeit
Bergamotte *(Citrus bergamia)*	Stimmungsaufhellend, vertreibt negative Energien und schädliche Geister, Erfolg, Macht, Wohlstand, Beruhigung, Ausgleich
Bergkristall	Schützt, energetisiert, klärt, kraftspendend, vertreibt negative und schädliche Energien, unterstützt beim Orakel, zieht wohlmeinende Geister an
Bernstein	Liebe, Schutz, Glück, Freya, Sonnenkraft
Bier	Als Bestandteil im Wischwasser, um den bösen Blick fernzuhalten, reinigt, entfernt negative Energien aus Haus und Geschäft
Birke *(Betula)*	Heilung, Frühling, Göttin, Weisheit, Naturgeister, Weltenbaum, Freya, Holle, Hel, Frigg, nährend und behütend, Licht, Lebenskraft, Reinigung, Verbindung zwischen den Welten
Birne *(Pyrus)*	Fruchtbarkeit, Kindersegen, Frau, Mutter, ewiges Leben, Gesundheit, Sitz der Götter, Schönheit
Brennnessel *(Urtica)*	Schutz, fluchlösend, vertreibt schädliche Geister, Reinigung, bringt ins Fließen, nährt
Brombeere *(Rubus sect. Rubus)*	Schutz von Familie und Beziehung
Brot	Wohlstand, Nahrung, Gabe, Versorgtsein
Buche *(Fagus sylvatica)*	Fruchtbarkeit, Mütterlichkeit, Weisheit, Schutz vor Blitz und Schicksalsschlägen, Wohlstand
Butter	Wohlstand, Nahrung, Segen, Gesundheit
Dornen *von Rose, Weißdorn, Schwarzdorn etc.*	Schutz und Abwehr
Dost *(Origanum vulgare)*	Fluch- und dämonenabwehrend, schützend, zauberwidrig, bricht Verwünschungen

Eberesche *(Sorbus aucuparia)*	Glück, Schutz, Naturgeister, Wohlstand, Schutz vor Schadenszauber
Eibe *(Taxus baccata)* stark giftig in allen Teilen, bis auf die roten Fruchthüllen-Samen stark giftig	Schutz vor Zauber, Initiation, Verbindung ins Jenseits, Ahnen, Verstorbene, unheilabwehrend
Eiche *(Quercus)*	Heiliger Baum, Stärke, Fruchtbarkeit, Wohlstand, Thor, Kraft, Segen, Weltenbaum, Ehrlichkeit, Schutz
Eisenkraut *(Verbena officinalis)*	Abgrenzung, wehrt den bösen Blick ab, Schutz, stärkt die Aura, macht sympathisch, Anti-Mobbing-Kraut, schützt vor Schadenszauber, visionsstärkend, Harmonie
Erle *(Alnus glutinosa)*	Zauber, gegen schlechte Träume und schädliche Geister, Schutz
Esche *(Fraxinus excelsior)*	Stärkt die Willenskraft, stärkt den wahren Willen, Manifestation, Transformation, Schutz, hilft bei der Menschwerdung, Weltenbaum, Wundholz, Heilung, Wetterzauber
Essig	Schutz, Reinigung, wirkt gegen Schadenszauber
Fenchel *(Foeniculum vulgare)*	Schutz, hält Störenfriede fern
Feuerstein	Schutz (besonders für Haus und Hof), Schutz vor Gewitter, hält böse Träume fern, Schutz vor Betrug und Blendwerk
Fichte *(Picea)*	Klärend, desinfizieren, reinigend. Vertreibt schwere Energien, vermittelt Wärme, Geborgenheit und Schutz. Licht. Kraft
Flieder *(Syringa)*	Gesundheit, Fröhlichkeit, Liebe
Frauenmantel *(Alchemilla)*	Schutz, besonders für Frauen, Kraft, Heilung, Liebe, Fruchtbarkeit, vertreibt böse Geister
Gänseblümchen *(Bellis perennis)*	Licht, Sonne, sanfte Heilung, Freya, Frühling, Hilfe bei Liebeskummer, stimmungsaufhellend
Gold	Wohlstand, Reichtum im Innen und Außen, Sonne, Götter, Reinheit, Glück, Wissen, Wissen der Götter

Goldrute *(Solidago virgaurea L.)*	Wohlstand, Glück, Beruf, Finanzen, innerer Reichtum
Granat	Heilung, Zauber, bringt Licht in die Seele und ins Dunkle, unterstützt bei Trauer und in Krisenzeiten, schenkt Mut, Kraft und Licht
Habichtskraut *(Hieracium pilosella)*	Stimmungsaufhellend, stärkt die Intuition, reinigend, unterstützend bei Orakel und Seelenflug
Hagebutte Sammelnussfrüchte verschiedener Rosenarten, besonders der Hundsrose *(Rosa canina)*	Abwehr von Schadenszauber, Schutz
Hanfsamenöl Öl aus den Samen des Hanfs *(Cannabis sativa)*	Heilung, Harmonie, Jugend
Hasel Holz, Blätter, Baum und Zweige *(Corylus avellana)*	Schutz, Abwehr, unheilabwehrend, Magie, Weisheit
Haselnuss – Frucht der Hasel *(Corylus avellana)*	Wunschmagie
Holunder *(Sambucus nigra)*	Schutz, Heilung. Baum verschiedener Göttinnen. Unterstützt bei der Findung der Lebensaufgabe, Schwellenhüterin, hilft den richtigen Zeitpunkt zu finden, heiliger Baum, mit Naturgeistern verbunden und oft von diesen bewohnt
Hopfen *(Humulus)*	Beruhigung, Frieden, Heilung
Honig	Geborgenheit, Frieden, macht gewogen, versüßt
Ingwer *(Zingiber officinale)*	Schutz, gut für die körperliche Liebe
Johanniskraut *(Hypericum perforatum)*	Schutz, Segen, Freya, Sonnenkraft, stimmungshebend, wehrt die Dunkelheit und dunkle Energien ab
Johanniskrautöl Ölauszug der Blüten *(Hypericum perforatum)*	Schutz, Heilung, Segen, Sonnenkraft

Kaffee, Pflanze *(Coffea)* **und Getränk aus den gerösteten Früchten der Kaffee-Pflanze** *(Coffea)*	Kraft, Aufmerksamkeit, Konzentration, stimmungsaufhellend
Kamille *(Matricaria chamomilla L.)*	Glück, Gesundheit, Spielglück, Schutz, Heilung, Gesundheit, Wohlstand
Kastanie *(Aesculus)* **oder Rosskastanie**	Glück, gegen Krankheit und Schmerz
Kiefer Harz, Holz, Zapfen und ätherisches Öl *(Pinus)*	Reinigt und klärt, unterstützt beim Lösen von Blockaden und bei der Selbsterkenntnis, erhellt den Blick und die Sicht. Licht, Wärme, Erleuchtung
Kirsche *(Prunus avium)*	Liebe, Fruchtbarkeit, Trennung, Tod, Wiedergeburt
Kohle	Reinigung, Schutz, Transformation
Knoblauch *(Allium sativum)*	Hält das Böse fern, Schutz
Kupfer	Liebe, Geld, Anziehung, Freya, Wohlstand, Heilung, Zauber, Schutz
Lavendel *(Lavandula)*	Schutz, Frieden, Liebe, fördert die Hingabe, Reinigung, Zusammenarbeit, Inspiration, Segen, Beruhigung, Schlaf
Linde *(Tilia)*	Schutz, Licht, Freya und Frigga, Schutz vor Geisterpfeilen und anderer Schadmagie
Lorbeer *(Laurus nobilis)*	Schutz, Gesundheit, Erfolg, Lorbeer, Medialität, Weisheit, hält das Böse fern und wirkt gegen den bösen Blick, Sieg, hält Feinde fern
Löwenzahn *(Taraxacum sect. Ruderalia)*	Mut, Stärke, unterstützt beim Orakel und fördert die Vision, reinigend, Wunscherfüllung
Lemongrass *(Cymbopogon citratus)*	Hält Böses fern, für die Hausreinigung besonders geeignet, auf der Türschwelle hält es negative Einflüsse fern
Lochsteine (Steine mit einem natürlich entstandenen Loch)	Unheilabwehrend, wirken gegen bösen Zauber und Albträume
Mädesüß *(Filipendula)*	Freude, Friede, versüßt die Stimmung, Naturgeister, gegen Schmerzen

Mandelöl	Liebe, Schönheit, Fruchtbarkeit, Glück, Geld
Melisse *(Melissa officinalis)*	Heilend, beruhigend, reinigend, hilft gegen Pech, fördert den friedlichen Schlaf, vermindert Ängste und Stress
Met *(Honigwein)*	Kreativität, Frieden, Erkenntnis, nordische Götter, Dichtermet, Wohlstand, Runen, Wissen
Milch	Wohlstand, Nahrung, Gabe, Gesundheit
Myrrhe aromatisches Gummiharz von mehreren Arten der Gattung *Commiphora*	Frieden, Harmonie, Segen, Heilung, Entspannung, Liebe. Gemischt mit Sandelholz für die Gesundheit und um Gesundheit wiederherzustellen
Muskatnuss Samen des Muskatnussbaums *(Myristica fragrans)*	Wohlstand, Handel, Glück, Erfolg bei Rechtsstreitigkeiten, fördert die Vision, zieht Geld an
Obsidian	Schutz
Ocker (rot)	Schutz, Kraft, Lebenskraft, Gesundheit, Gabe an die Geister, Erdkraft, Blut der Erde
Orange *(Citrus × sinensis L.)*	Anziehend, gut fürs Geschäft, macht attraktiv, Glück, öffnet neue Wege
Olivenöl *(Oleum olivarum)*	Schutz und Segen
Piment *(Pimenta dioica)*	Glück, Spielglück, Gesundheit
Pfefferminze *(Mentha ×piperita)*	Hält unerwünschte Gäste vom Haus fern, reinigt, beschützt die Finanzen, harmonisiert, stimmt friedlich, Versöhnung
Pyrit	Wohlstand, Fülle, Wünsche, Schutz
Quendel *(Thymus vulgaris)*	Lebenskraft, Wachstum, Wohlstand, Handel, gute Geschäfte, Schutz, Seelenfrieden, zieht Geld an und beschützt den Wohlstand, hilft gegen Albträume
Rose *(Rosa)*	Glück, Liebe, Anziehungskraft, Schutz, Seelenheilung, Selbstliebe, zieht Liebe an
Rosmarin *(Salvia rosmarinus)*	Stärke – besonders für Frauen, Schutz, hält das Böse fern, Glück, bringt gute Träume, hilfreich bei Familienangelegenheiten, stärkt die Erinnerung

Salbei *(Salvia officinalis)*	Schutz, Reinigung, Segen, Weisheit, stärkt die Frauen
Sauerklee *(Oxalis)*	Naturgeister, Feen, Hellsicht
Salz	Schutz, Segen, Reinigung, Heilung
Schafgarbe *(Achillea millefolium)*	Schutz vor Krankheit, unterstützt beim Orakel, wehrt Schadenszauber ab, Heilung, Freya, Frigg
Schlüsselblume *(Primula veris)*	Licht, Sonne, Frühling, Freya, Liebe, Selbsterkenntnis, Heilung, findet verborgene Schätze, Feen und Elfen, Naturgeister, beruhigend, schlaffördernd, unterstützt die Vision
Schöllkraut *(Chelidonium majus)*	Gegen Warzen, austreibend, schützend, stimmungshebend, Schutz bei Rechtsstreitigkeiten, Stärkung, Schutz vor Unfällen
Schwarzdorn oder Schlehe *(Prunus spinosa)*	Schutz vor Neid und schädlichem Zauber. Hält Schaden fern. Stärkend und erhöht die Abwehrkräfte, Naturgeister
Silber	Mond, Wasser, Geheimnisse, Gefühle, Liebe, Abwehr, Schutz, bannen, Heilung, Reinigung
Sonnenblumenöl	Sonne, Licht, Wärme, Schutz
Stechpalme *(Ilex aquifolium)*	Schutz für das Zuhause, Glück, Naturgeister
Tanne *(Abies)*	Stärke, Licht, Schutzschild, Nervenstärke, Lebenskraft, Mut
Thymian oder Quendel *(Thymus vulgaris)*	Siehe Quendel
Vanille Gewürz, das aus den fermentierten Schoten verschiedener Arten der Orchideen-Gattung *Vanilla* gewonnen wird	Liebe, Geborgenheit
Vetivier *(Vetiveria zizanioides)*	Öffnet neue Wege, stärkt, zieht gute Geschäfte an, fördert die Treue, erdet

Wacholder *(Juniperus)*	Schutz, Liebe, Segen, Reinigung, Heilung, treibt böse Geister aus, Naturgeister, Frau Holle, Ahnen, lebensspendend
Waldmeister *(Galium odoratum)*	Glück, Wohlstand, Entspannung, wehrt Schadenszauber ab, Heilung, Sieg
Wegerich *(Plantago)*	Stärke, Gesundheit, Widerstand, Schutz, Heilung
Weide *(Salix)*	Zauber, Flüche und Verzauberungen, Hexen, Wetterzauber, unheilabwehrend, gegen Vampire und Geisterpfeile, Fruchtbarkeit, Gesundheit, Lebenskraft, Reinigung, Demeter, Leben und Tod. Ermöglicht es, Geister zu sehen
Weihrauch Boswellienharz	Segen, Spiritualität, zum Segnen (z. B. gemischt mit Myrrhe und Zeder)
Weißdorn *(Crataegus)*	Schutz, Abwehr des bösen Blicks, Naturgeister, Feen, Frühling, Segen
Wildrosenöl, Pflanzenöl, das aus den Samen der Hagebutten verschiedener Wildrosen, vor allem der Hundsrose *(Rosa canina)* gewonnen wird	Heilung, Jugend, Schutz, Schönheit, Liebe, Glück, Segen
Zimt Gewürz aus der Rinde des Zimtbaumes *(Cinnamomum verum)*	Schutz, Gesundheit, Glück im Geschäft, bringt Feuer und Wärme in den Zauber, beschleunigt
Zitrone *(Citrus × limon)*	Reinigung, vertreibt Negatives, hilft gegen den Bösen Blick (Augenform der Zitrone – Ähnlichkeitsprinzip)
Zitronen-Verbene *(Aloysia citrodora)*	Vertreibt Negatives. Vertreibt Ungewolltes
Zucker	Zieht die Liebe an, lockt Kunden an, versüßt
Zwiebel *(Allium cepa)*	Gesundheit, Wachstum, Wohlstand, Liebe, Fruchtbarkeit, Schutz

DIE ZAUBERSAMMLUNG

Hier habe ich alltagsmagische Rezepte, Rituale, Anleitungen zusammengestellt, die ich für hilfreich und wirksam halte. Es handelt sich dabei zum Teil um überlieferte Zauber, zum Teil um Zauber aus meinem persönlichen Gebrauch. In keinem Fall sind es medizinische oder kräuterheilkundliche Anleitungen. Mit Hilfe der Materialien aus diesem Buch, den vorgestellten Konzepten und den Rezepten in der Zaubersammlung wirst du auch sehr schnell in der Lage sein eigene Zauber und deine ganz persönliche Alltagsmagie zu wirken.

Reinigung

› *Reinigung durch Räuchern*

Eine einfache und wirksame Methode der spirituellen Reinigung ist es, sich selbst oder auch andere abzuräuchern. Beispielsweise mit Beifuß, Lavendel, Wacholder, Lorbeer, Weihrauch, Kiefern- oder Fichtenharz oder auch mit anderen Kräutern, Hölzern und Harzen.

Du brauchst:

- Passendes Räucherwerk, Räucherkohle, ein Räucherstövchen oder Ähnliches

Anleitung:

Nimm etwas, das sich für dich gut und klärend anfühlt. Ich selbst räuchere am liebsten mit heimischen Harzen und Pflanzen. Zur Reinigung und Vorbereitung auf magisches Wirken vor allem mit Beifuß.

Zur Reinigung kann man sich mit dem Rauch waschen wie mit Wasser, sich ganz umhüllen lassen vom Rauch und dann mit den Händen abwärts alles Belastende abstreifen.

Hier ist wichtig, dass man mit ganzer Aufmerksamkeit bei der Sache bist, denn die Energie folgt stets der Aufmerksamkeit.

Ich imaginiere, wie der Rauch und meine Hände alles Störende, alles Belastende aus meinem persönlichen Energiefeld und meinem Körper streichen. Zum Abschluss stelle ich mir aktiv vor, wie ich selbst nach der Reinigung leuchtend, strahlend und gesund bin.

Reinigung mit Wasser und Salz

Klares, sauberes Wasser ist eine wunderbare Möglichkeit, sich zu reinigen. Sich achtsam, das heißt mit voller Konzentration Gesicht und Hände zu waschen hat auch energetisch einen starken Effekt.

Salz wird schon seit langer Zeit eine stark reinigende und klärende Wirkung nachgesagt. Bereits die Griechen und Römer bedienten sich des *heiligen Meerwassers* und wenn dieses fehlte, des gesalzenen Wassers für Weihungen, spirituelle Reinigung und zur Abwehr von verschiedensten Übeln.

Auch die Christen übernahmen den Glauben an die abwehrende und reinigende Kraft des Salzes und fügen es u. a. ihrem Weihwasser hinzu. Laut Tacitus waren auch den Germanen das Salz und die Salzquellen heilig. In der Volksmagie gilt Salz schon sehr lange als antidämonisches Mittel und als Heilmittel gegen angezauberte Krankheiten.

Salz ist, wenn es um Reinigung und Abwehr von Schaden geht, immer eine gute Wahl. Wer kann, sollte ruhig öfter im Meer baden oder zumindest barfuß am Meer spazieren gehen und sich dabei von Salz, Wind und Wellen reinigen lassen. Wenn das Meer nicht in der Nähe ist, funktioniert auch eine Dusche mit Meersalz-Peeling oder ein Bad mit Meersalz. Die Kraft des Salzes lässt sich durch Besingen und Besprechen noch verstärken.

Mit Salzwasser kann man sich selbst oder auch das Werkzeug vor und nach dem magischen Wirken reinigen.

› *Zaubersalze zum Duschen oder Baden*

Ein Bad im Meer oder in Salzwasser gilt als klärend, reinigend, fluchvertreibend, schützend, heilkräftig.

Die magische Salzdusche ist eine wunderbare und vor allem wirksame Form spiritueller Reinigung.

Dabei nimmt man nach dem normalen Waschen etwas Salz zwischen die Hände, bittet gedanklich um Reinigung und streift damit den Körper von oben nach unten ab. Wie ein Salzpeeling, nur ohne Rubbeln. Gleichmäßig nach unten wird alles abgestreift, das belastet oder nicht mehr dienlich ist. Direkt spürbar auf der Haut oder nur mit den Händen durch das Energiefeld streichend. Auch am Kopf und am Gesicht. Bei empfindlicher Haut ohne tatsächliche Berührung. Wichtig ist dabei die innere Ausrichtung. Stell dir vor, wie das Salz alles löst, was nicht zu dir gehört. Das Salz nimmt alles mit und vertreibt, was nicht zu dir gehört. Zum Schluss vollständig abduschen.

Die Wirkung der Salzdusche lässt sich verstärken, wenn man gezielt Kräuter zum Salz hinzugibt, die zur Absicht gut passen und diese unterstützen.

Hier eine Mischung für Reinigung, Segen und Schutz:

- Lavendel – u. a. für Segen, Reinigung, Inspiration, Beruhigung, Schutz
- Johanniskraut – u .a. zum Abbau von Spannung, Schutz, Klärung, zur Aufhellung der Stimmung
- Eisenkraut – u. a. für Harmonie, Klärung, Visionsstärkung und Schutz

Diese Mischung eignet sich als Badesalz, zum Duschen, als Fußbad oder als schnelle Waschung für die Hände z. B. nach der Arbeit mit Klienten.

Bei den Zutaten muss natürlich auf die individuelle Hautverträglichkeit geachtet werden. Im Zweifel die Kräuterexperten deines Vertrauens konsultieren.

Du brauchst:

- Auf 250 g Meersalz nehme ich ca. 50 g getrocknete Kräuter.

Anleitung:

Salz und Kräuter in einem Mörser mischen und fein zermahlen. Am besten unter Gesang oder Besprechung zum Thema. Je feiner vor allem die Kräuter zermahlen sind, umso weniger Probleme drohen mit dem Abfluss, jedoch verlieren die Zutaten so auch schneller die wertvollen ätherischen Öle. Evtl. vorher ein Sieb am Abfluss anbringen.

Erkundige dich bei Pflanzenzusätzen immer auch selbstständig nach den Nebenwirkungen.

› *Reinigung und Schutz mit der Kraft der Brennnessel*

Die Brennnessel gilt als kräftige Zauberpflanze. Sie schützt vor schlechtem Zauber, dem bösen Blick und vertreibt schädliche Geister. Es heißt, dass sie sogar in der Lage ist Flüche zu brechen. Es gibt viele Möglichkeiten die Kraft der Brennnessel zu nutzen. Als Tee, als Räucherung oder auch als reinigendes Bad.

Ein magisches ***Brennnesselbad***, das dich vor Fremdeinflüssen und schlechtem Zauber schützt und sogar in der Lage ist Verwünschungen und Flüche abzuwaschen.

Du brauchst:

- Brennnesseln für einen kräftigen Teeaufguss, getrocknet oder frisch
- Eine Badewanne oder Dusche

Anleitung:

Brühe etwa einen Liter kräftigen Brennnesseltee auf und lasse ihn über Nacht ziehen.

Sprich oder sing über Kraut und Tee neun Mal den folgenden Spruch:

Brennnessel, du widerstehst dem Gift.
Du vertreibst den Lebensfeindlichen, du entfernst das Gift.
Du bist das Kraut, das gegen die Schlange kämpft.
Du hast Macht gegen Gift, Macht gegen Anfliegende.
Du hast Macht gegen das Übel, das über Land fährt.
Mit der heiligen Kraft von drei Mal drei, dieses Bad gesegnet sei.

Wende dich ruhig auch mit weiteren Gebeten an die Geister, Götter und Ahnen, mit denen du dich verbunden fühlst. Am nächsten Morgen fügst du den Sud deinem Badewasser hinzu oder übergießt dich damit in der Dusche. Trockne das Brennnesselwasser nicht ab, sondern lass es auf der Haut trocken. Stelle dir dabei vor, wie dich die Brennnessel nicht nur gereinigt hat, sondern auch dass dich nun ihr kraftvoller Schutz umgibt.

Der Spruch zur Brennnessel entstammt dem angelsächsischen Neunkräutersegen (siehe ab Seite 69).

› *Reinigendes Blütenwasser*

Ich mische mein reinigendes Blütenwasser aus Alkohol, einem oder mehreren Hydrolaten meiner Wahl und ätherischen Ölen.

Meine Mischung hat einen Alkoholgehalt von ca. 30 %, je nach weiteren Zutaten hält es bis zu 5 Jahre. Kölnisch Wasser hat laut Hersteller einen Alkoholgehalt von mehr als 80 %, das amerikanische Florida-Wasser hat 75 %.

Die genauen Zutaten kannst du variieren und deinem Geschmack und deiner Absicht entsprechend anpassen.

Ich nutze für meine Blütenwässer bevorzugt:

- Rosenhydrolat – beruhigend, segnend, heilend, löst Ängste
- Beifußhydrolat – öffnend, reinigend, schützend, fördert die Intuition
- Lavendelhydrolat – schützend, harmonisierend
- Melissenhydrolat – stimmungshebend, beruhigend, wirksam gegen Stress
- Orangenhydrolat – anziehend, beruhigend, ausgleichend und spannungslösend

Es können aber auch andere Hydrolate verwendet werden, wie z. B. Johanniskraut, Orangenblüten, Kamille, Jasmin und viele mehr. Am besten gehst du hier nach deinem eigenen Geschmack vor sowie nach der Wirkung, die du gerne in deinem Wasser hättest. Orange z. B. wirkt u. a. anziehend, Lavendel wirkt schützend und harmonisierend, Beifuß reinigend und öffnend usw.

Du brauchst für ca. 250 ml Blütenwasser als Basis:

- ca. 80 ml Alkohol mit 96 %
- ca. 170 ml Pflanzenhydrolat

  Möchtest du dein Blütenwasser ohne Alkohol herstellen, ist dies auch möglich, die Haltbarkeit reduziert sich dann entsprechend und je nach verwendetem Hydrolat unterschiedlich.

Anleitung:

Nachdem Alkohol und Hydrolat gemischt sind, füge ich gerne noch einige Tropfen passender ätherischer Öle hinzu. Auch hier treffe ich die Auswahl sowohl nach meinem Geschmack als auch nach der Wirkung.

Am häufigsten verwende ich: Lavendel, Rose, Beifuß, Bergamotte, Vervain, Zimt, Johanniskraut, Melisse

Ganz am Schluss gebe ich noch einige Bröckchen Meersalz dazu.

Bevor du dein Blütenwasser mischst, sind alle Gefäße mit einer Methode deiner Wahl und entsprechender Aufmerksamkeit magisch zu reinigen und zu segnen. Außerdem solltest du sie mit kochendem Wasser ausspülen und trocknen, um einer Verkeimung vorzubeugen.

Jede der Zutaten wird vor dem Hinzufügen einzeln angesprochen und um Segen und Kraft gebeten.

Wenn alle Zutaten gemischt sind, sollte die Flasche bei geschlossenem Deckel einige Zeit geschüttelt werden, damit sich alles mischt. Während des Schüttelns lassen sich besonders gut weitere Segensgesange und Gebete hineingeben.

Die Flüssigkeit wird sich jetzt zunächst eintrüben und du wirst sie immer wieder, evt. über Wochen schütteln und erneut mischen müssen. Bei jedem Mischen kannst du über dem Wasser beten und Kraft hineinsprechen oder auch -singen. Irgendwann wird die Flüssigkeit wieder klar werden. Jetzt ist dein Blütenwasser fertig.

Wenn es eilig ist, kannst du es im trüben Zustand schon verwenden.

Die Lagerung sollte kühl und dunkel erfolgen.

Lass dich von deinem Geschmack und deiner Intuition leiten. Experimentiere ein wenig. Schau z. B. in die Liste mit den Korrespondenzen, um ein paar Ideen zu bekommen. Achte auf Verträglichkeiten und Allergien.

Bei der Dosierung der ätherischen Öle ist Vorsicht geboten, damit diese keine Hautreizungen auslösen. Informiere dich über ihre Wirkungen und Dosierungen, besonders dann, wenn du mit ihnen baden willst, sie auf der Haut anwendest oder falls du Allergien hast.

Potenziell hautreizende *heiße* Öle wie Zimt, Thymian, Oregano, Nelke sollten nicht höher als 0,5 % dosiert werden, das heißt höchstens 10 Tropfen insgesamt auf 100 ml Flüssigkeit. Auch beim Beifußöl sollte man besondere Vorsicht walten lassen, da es abortiv und neurotoxisch wirkt!

> Je weniger du dich mit ätherischen Ölen auskennst, umso sparsamer solltest du sie dosieren.

Du kannst die ätherischen Öle auch ganz weglassen, der Duft ist dann nicht so intensiv, die magische Wirkung der Hydrolate ist davon aber nicht beeinträchtigt.

› *Reinigung durch Tönen*

Eine weitere Methode, um sich selbst zu reinigen und von Belastungen zu befreien, gerade wenn man kein Salz, kein Wasser oder Ähnliches zur Hand hat, ist Atmen und Tönen.

Du brauchst:

- Nur deinen Atem und deine Stimme

Anleitung:

Stelle oder setze dich aufrecht hin. Atme tief ein und dann, durch den Mund, geräuschvoll wieder aus. Konzentriere dich darauf, alles Belastende auszuatmen. Du kannst seufzen, stöhnen, schluchzen, schreien, singen, summen oder was dir in den Sinn kommt. Die Aufmerksamkeit muss ganz darauf gerichtet sein Belastendes und Blockierendes hinauszutönen. Nach einigen befreienden Runden, wenn du den Eindruck bekommen hast etwas Platz in deinem Inneren geschaffen zu haben, konzentrierst du dich nicht mehr nur auf das Aussingen der Blockaden und Verschmutzungen, sondern auch darauf, dass du mit jedem Einatmen Frische, Kraft und stärkende Energie zu dir nimmst. Atem ist Leben und mit jedem Atemzug fließen dir Kraft, Licht und Stärke zu.

Das Entscheidende bei dieser Übung ist wie immer die Konzentration.

Dort wo unsere Aufmerksamkeit ist, dorthin fließt die Kraft. Das ist einer der wichtigsten Grundsätze bei allen magischen Tätigkeiten. Egal ob beim Besprechen, beim Kerzenzauber, beim Winden eines Türkranzes oder bei der schamanischen Reise. Geist, Willen und Konzentration sind die wichtigsten Werkzeuge der Magiewirkenden.

Das magische Wort „Hlūtraz“

Eine besonders einfache Methode, die nur wenig braucht und beinahe jederzeit und überall ausgeführt werden kann, ist das Tönen des magischen Wortes *Hlūtraz*.

Du brauchst dafür nur etwas Wasser und deine eigene Stimme. Die Energie folgt der Aufmerksamkeit und klares, sauberes Wasser verbinden die meisten Menschen mit Reinigung, Gesundheit und Segen.

Für die Reinigung wird das Wort *Hlūtraz* (sprich: Luutraz) aus dem Protogermanischen getönt. Hlūtraz bedeutet so viel wie: lauter, rein, klar, hell. Von diesem Wort leiten sich auch unser heutiges *lauter* und *geläutert* ab.

Bei der Reinigung mit Hlūtraz geht es vor allem darum, wieder ganz bei sich selbst anzukommen, frei von Einflüssen durch Alltag, andere Menschen und die Umgebung. Konzentriere dich beim Tönen dieses Wortes ganz auf deine Absicht der Reinigung und Klarheit.

Es gibt Menschen, die sich Dinge nicht bildlich vorstellen können. Sollte dir das so gehen, ist das gänzlich unproblematisch. Wenn du das Leuchten nicht in deiner Vorstellung sehen kannst, dann spüre es oder wisse einfach, dass es da ist. Es spielt keine Rolle, ob du es regelrecht siehst, es fühlst, spürst, weißt, hörst, schmeckst, daran glaubst oder einfach nur deine Aufmerksamkeit darauf richtest. Konzentriere dich darauf, dass dieses klare heilige Wasser und dieses kraftvolle magische Wort dich reinigen und klären.

Mit der Zeit und etwas Übung wirst du durch Singen von Hlūtraz ganz leicht alles energetisch reinigen können, was du möchtest. Andere Personen, Orte, Gegenstände und natürlich dich selbst.

› *Reinigung mit Wasser, Wort und Klang*

Du brauchst:

- Etwas klares Wasser in einer Schale oder einem Becken oder ein natürliches Gewässer

Anleitung:

Setze oder stelle dich bequem, aber aufrecht hin. Konzentriere dich einige Augenblicke ganz auf deinen Atem, beobachte, wie er sanft, natürlich und regelmäßig fließt. Erzwinge nichts, sondern beobachte einfach.

Halte deine Hände über dem Wasser oder halte die Schale in der Hand. Atme jetzt tief ein und stelle dir vor, wie das Wasser in der Schale (Fluss) ganz klar ist und zu leuchten beginnt.

Atme ein und töne beim Ausatmen Hluuutraaaz. Sieh vor deinem geistigen Auge, d. h. stell dir intensiv vor, wie das Wasser immer stärker leuchtet.

Streiche mit deinen Händen, die du mit dem leuchtenden Wasser benetzt hast, von oben nach unten über deinen Kopf, dein Gesicht und deinen Körper. Entweder indem du ihn berührst und regelrecht abstreifst oder auch indem du nur durch deine Aura fährst. Töne dabei immer wieder Hllluuutraaazz. Du siehst und spürst, wie alles Störende, alles Negative und alles dich Belastende von dir abgestrichen wird. Fahre fort, bis du dich ganz und gar rein und geklärt fühlst.

› *Die Hlūtraz Dusche*

Du brauchst:

- Eine Dusche

Anleitung:

Stell dich wie immer unter die Dusche. Wasche dich ganz normal, wie sonst auch. Nimm dir am Schluss kurz Zeit, die Augen zu schließen. Spüre bewusst, wie das Wasser von oben nach unten an dir herabfließt.

Töne nun „Hlūtraz" und stell dir dabei vor, wie das Wasser zu leuchten beginnt und alles von dir abwäscht, das dir nicht dienlich ist, das nicht mehr zu dir gehört. Wenn du willst, kannst du mit kräftigen Strichen nach unten an deinem Körper entlang dieses Gefühl unterstützen. Werde dir darüber bewusst, dass alles, was nicht zu dir gehört, jetzt fortgespült wird und im Abfluss verschwindet.

Wenn du dich ganz klar und gereinigt fühlst, beende die Dusche wie gewohnt.

Zum Schutz und zum Segen kannst du zum Abschluss noch einen kleinen Segen über dich sprechen oder singen, z. B. den Segen der drei Elemente von Seite 251.

Reinigung fürs Haus

Besenzauber

Über den Besen

Rund um den Besen rankt sich allerhand Brauchtum und Zauberglauben. Der überwiegende Teil des Brauchtums hängt natürlich mit seiner Funktion als Werkzeug zur Hausreinigung zusammen. Traditionell wurden Besen früher in Europa vor allem aus Birke, Buche und vereinzelt Tanne hergestellt, wobei das Birkenreisig überwog. Daher ist vieles, was an Brauchtum und Glaube mit der Birke verknüpft ist, auch für den Besen gültig.

Der Name der Birke geht auf das indoeuropäische Wort **bherHĝo* für glänzen/schimmern zurück. In Mythologie und Volkserzählungen steht sie oft in Beziehung zu verschiedenen Göttinnen, wie z.B. Freya oder Frigg. Die winterliche Birke, wenn kein fruchtbares Grün sie schmückt, wird eher mit alten Frauen, Hexen und Riesinnen verbunden, mit Göttinnen der Schwellen wie Hel, Nehalennia, Holle, Cailleach usw. Die Birke steht zwischen den Welten und ist eine Vermittlerin zwischen Leben und Tod, Licht und Schatten, zwischen Ober- und Unterwelt, zwischen Anderswelt und materieller Welt. Sie hat reinigende, schützende, heilende und nährende Aspekte.

Der **Birkenreisig-Besen** ist Symbol des *Kehr-aus*. Mit ihm wird das Alte und Unbrauchbare hinausgekehrt. Und so ist er auch Symbol einiger winterlicher und raunächtlicher Gestalten, wie z.B. des Krampus, des Knecht Ruprechts oder der italienischen Weihnachtshexe Befana, die ebenfalls Ähnlichkeit mit Percht, Cailleach, Nehalennia und Holle hat.

Mit dem Birkenreisigbesen wird traditionell das alte Jahr, der Winter, aber auch alles, was unbrauchbar oder gar schädlich ist, aus Haus, Hof und Stube hinausgekehrt.

Den Besen, die während der Raunächte gefertigt oder zum ersten Mal benutzt wurden, sagte man besondere Fähigkeiten nach. Sie sollten reinigen, schützen sowie Glück und Segen ins Haus bringen. Einen Raunachtsbesen kann man wie einen normalen Besen alltäglich verwenden oder bevorzugt rituell bei der magisch-spirituellen Hausreinigung. Er kann auch über der Tür aufgehängt oder am Eingang aufrecht hingestellt werden. Dort bringt er Glück, schützt Haus und Haushalt und hält allen Schaden fern. Wer mag, kann den Besen an der Tür jeweils passend zur Jahreszeit schmücken.

› *Der Besenzauber*

Du brauchst:

- Einen neuen Besen

Anleitung

Fertige einen Besen (eine einfache Anleitung findest du weiter unten) oder kaufe einen neuen Besen.

Räuchere deinen Besen mit Beifuß, um ihn von allen noch möglichen Anhaftungen zu befreien und gleichzeitig zu segnen. Besinge ihn mit dem magischen Wort Hlūtraz (siehe ab Seite 130) und stelle dir derweil vor deinem geistigen Auge vor, wie der Besen zu leuchten beginnt. Mit dem Besingen gibst du dem Besen eine klare Ausrichtung. Wenn du möchtest, kannst du ihn auch besprechen und z. B. über ihm sagen:

Besen, deine Aufgabe ist es dieses Haus zu reinigen, zu schützen und das Glück einzuladen. Mit dem Segen der heiligen Drei, es sei!

Spüre, dass dieser Besen ein Werkzeug und Verbündeter für Reinigung, Schutz und Segen ist. Wandere nun mit dem Besen und während du weiter Hlūtraz singst, durch dein Haus. Kehre hinaus, was nicht mehr willkommen ist. Vergiss die Ecken nicht. Beginne immer im hinteren Teil von Haus, Wohnung oder Zimmer. Arbeite dich auf diese Weise bis zur Haustür vor. Kehre am Schluss von innen nach außen kraftvoll über die Schwelle. Da es vor allem um eine energetische Reinigung des Hauses geht, kannst du alle Kehrstriche bis auf den letzten auch in der Luft machen. Der letzte Kehrstrich sollte demonstrativ und konzentriert erfolgen. Mit ihm schickst du alles durch die offene Tür hinaus.

Stelle den Besen am Ende neben die Haus- oder Wohnungstür. Bedanke dich bei ihm und wenn du möchtest, kannst du ihn jetzt schmücken.

Halte während der gesamten Reinigung das Bild in deinem Geist, dass der Besen alles Schädliche hinauskehrt und gleichzeitig überall, wo er war, Licht verbreitet.

Du kannst den Besen jederzeit für eine Hausreinigung benutzen. Gesang und Spruch kannst du während des Jahres erneuern. Am Ende des Jahres wird dieser Besen am besten verbrannt und ein neuer Besen gefertigt (oder gekauft). Am kraftvollsten sind Besen und Zauber, wenn sie während der Raunächte zum ersten Mal geweiht und ausgeführt werden.

› *Einen einfachen Besen anfertigen*

Du brauchst:

- Draht, Birkenreisig, eine Gartenschere oder Säge

Für einen magischen Besen wird Birkenreisig verwendet. Dieses sammelt man im Herbst/Winter, wenn die Birken ihre Blätter verloren haben. Es wird dann über den kommenden Sommer getrocknet.

Für den Besen brauchst du kräftige und dünnere Zweige. Zur Spitze sollten sie sich verjüngen. Die Menge ist abhängig von der Besengröße. Die oberen Enden sollten keine Seitentriebe haben, damit die Zweige sich gut zusammenbinden lassen. Die Zweige werden so zu einem Bündel zusammengelegt, dass die gewünschte Besengröße erreicht wird. Das Bündel dann am besten mit Draht, einem Kofferband oder Ähnlichem zusammenziehen. Jetzt werden die oberen Enden alle auf dieselbe Länge, entweder mit einer Gartenschere oder mit der Säge gekürzt. Danach den Besen, je nach Größe zwei oder drei Mal fest mit Draht zusammenbinden. Bei einem kleinen oder einem rein dekorativen Besen reicht auch eine feste Schnur. Für mehr Zugkraft beim Drahtbinden einen Hebel oder eine Zange verwenden. Mit einer Gartenschere kannst du jetzt so korrigieren, das dir die Form gefällt. Am Schluss kannst du von oben einen angespitzten Stiel in das Bündel hineinzwängen. Der Stiel sollte ca. bis zur Mitte der Reisigäste reichen.

Während des Bindens kannst du ihn besingen oder besprechen. Etwa mit Hlūtraz oder Segenssprüchen, die du kennst und die dir gefallen.

› *Haus- oder Wohnungsräucherung*

Du brauchst:

- Tragbare Räucherschale, Kohle, Räucherwerk (zum Beispiel Beifuß)

Anleitung:

Diese Räucherung kann das Zuhause gleichermaßen von schweren oder unangenehmen Energien befreien, die Atmosphäre klären und es segnen. Beifuß ist gut geeignet. Du kannst auch anderes Räucherwerk verwenden oder eine Mischung zur Hausreinigung herstellen. Dafür eignen sich besonders: Beifuß, Lavendel, Salbei, Wacholder und Fichtenharz.

Bereite eine tragbare Räucherschale und dein Räucherwerk vor. Wähle dazu den Platz, den du als Zentrum oder Herz des Hauses empfindest. Sammle dich und richte dich auf deine Absicht aus, Haus/Wohnung zu klären, zu transformieren und zu harmonisieren. Beginne im „Zentrum" deines Hauses. Entzünde die Kohle und lege etwas Räucherwerk auf. Durchschreite nun gegen den Uhrzeigersinn jeden Raum. Halte möglichst deine Konzentration und Aufmerksamkeit. Achte darauf, Ecken, Türschwellen und Fenster besonders bewusst zu räuchern.

Gehe beim Durchwandern von Haus oder Wohnung in etwa kreisförmig (gegen den Uhrzeigersinn) immer weiter weg vom Zentrum des Hauses, in den Keller und ins Dachgeschoss. Ganz am Schluss gehst du an die Haus- oder Wohnungstür. Öffne die Tür weit mit der Intention alles hinauszuschicken, was jetzt gehen darf. Du kannst den Rest des Hauses gut lüften. Mach dir während der Hausreinigung nicht zu viele Gedanken über die richtige Reihenfolge oder Laufrichtung. Ein generelles Richtig und Falsch gibt es hierbei nicht. Folge am besten deiner Intuition.

Nun bittest du um Segen und Schutz für das Haus und seine Bewohner. Lade dabei auch all die guten Kräfte ein, deine Schutzgeister, Wohlstand, Gesundheit und Glück. Du kannst dies ebenfalls mit passendem Räucherwerk tun oder auch mit Gesängen, Gebeten, Kerzenlicht oder einem kleinen Ritual wie dem Kerzensegen von Seite 165.

Schutz für Haus, Hof und Bewohner

Schützende Türkränze

Magische Türkränze sind eine wunderbar alltägliche Art Schutz und Segen für das eigene Zuhause zu weben. Er wirkt bereits vor der Haustür, hält unliebsame Kräfte fern und lädt erwünschte ein. Man sagt, dass sich die *bösen* Geister im Kranz und in seiner *Unendlichkeit* verfangen. Der runde Kranz ist außerdem ein Symbol für die Ganzheit, das Heilsein und den Schutz, der aus diesen entsteht: Nichts bietet einen so wirksamen Schutz gegen alles Eindringende wie die eigene Ganzheit und Unversehrtheit. Darüber hinaus fördert der Kranz auch die Kraft, sich gegen (negative) Einflüsse von außen abzugrenzen.

Je mehr Einzelteile deines Türkranzes mit dem Zweck *Schutz* verknüpft sind, desto wirksamer ist er. Im Allgemeinen gelten Haselruten, Eibenzweige oder auch Kiefern- und Tannenzweige als besonders schützende Materialien.

Die *Hasel* gilt von alters her als schützend für Haus und Hof. Sie hält Zauber, Verletzungen, Krankheiten und Unglück fern. Kultplätze wurden in alten Zeiten schützend mit Hasel umgeben. Auch um Krankheit und Ungeziefer vom Stall fernzuhalten, hat man früher Haselruten und Kränze benutzt. Daher sind Haselruten als Grundgerüst für den Türkranz ganz besonders gut geeignet. Zusätzlich zu den Zweigen des Grundgerüstes kann man je nach Jahreszeit variierende Pflanzen hinzufügen. Der wunderbar duftende *Lavendel* bietet beispielsweise starken Schutz für Haus und Hof. Ein Türkranz, bestückt mit etwas Lavendel, soll Unglück und Unfrieden vom Haus und seinen Bewohnern fernhalten. Am besten verwendet man dazu selbst gezogenen und gepflückten Lavendel;

wenn das nicht geht, tut es selbstverständlich auch gekaufter. Auch ein kleines *Eibenzweiglein* ist eine gute Beigabe für einen schützenden Türkranz, denn *vor den Eiben kann kein böser Zauber bleiben.*

Bevor eine der Pflanzen zum Kranz gewunden wird, wird sie direkt angesprochen und ihre Kraft wachgerufen. Zum Beispiel so:

> *Lavendel, du wunderbare und kräftige Beschützerin! Ich bitte dich, halte alles Unglück fern und ziehe Frieden und Harmonie in dieses Haus. Lass nur das Gute und Nutzbringende durch diese Türe schreiten, halte allen Unfrieden fern von diesem Haus und seinen Bewohnern. So sei es!*

Lass die Worte von Herzen kommen!

Der Türkranz kann jahreszeitlich wechselnd gefertigt werden. Mein typischer Herbstkranz besteht aus dem bleibendem Grundgerüst aus Haselruten:

- Frischen Haselzweigen – für Schutz und Zauberkraft.
- Ebereschenbeeren – für Gute Ernte, Abwehr vor Blitzschlag und plötzlichem Unglück.
- Weißdorn – Schutz, Abwehr des bösen Blicks, Segen.
- Hopfen – Heilung und Frieden.
- Beifuß – Segen und Schutz.
- Wacholderbeeren – Schutz.
- Eisenkraut – Frieden, Stärkung der Aura, Abgrenzung.
- Goldrute – Wohlstand und Glück.
- Lavendel – Harmonie, Reinigung, Schutz.

Für weitere geeignete Zutaten kannst du dich von der Korrespondenz-Liste inspirieren lassen.

› *Schutz des Hauses mit Schlehe (Schwarzdorn)*

An der Haustür oder über Fenstern angebracht soll Schlehe Haus und Bewohner vor bösem Zauber und Neidern schützen.

Schlehenzweige zum Mai-Vollmond, zwischen Sonnenauf- und -untergang gepflückt, gelten als besonders wirksam. Für diesen Zweck können Schlehenzweige auch sehr gut in einen schützenden Türkranz gebunden werden (Seite 139).

In der Volksmagie heißt es, dass der Schutz für alle Hausbewohner gilt, aber für Kinder und Tiere ganz besonders.

Du brauchst:

- Einige Schlehenzweige

Anleitung:

Befestige die Zweige über der Wohnungstür, am Fenster oder auch im Türkranz. Sprich nach dem Anstecken:

Über die Türe gesteckt,
allen Schaden verschreckt.
Nur das Gute kann herein,
so soll es alle Tage sein.
Zum Schutz, zum Schirm, zum Schild
für Haus und Hof und Heim.

› *Schutz für Haus und Wohnung mit Beifuß*

Der Beifuß gilt als eine der ältesten Heil- und Zauberpflanzen der Menschen. Überall auf der Welt gilt er als Schaden und Dämonen abwehrend. Ob als Räucherung, als Strauß oder Kranz. Immer schützt, reinigt und segnet er Mensch, Tier, Haus und Hof. Ein im Haus aufgehängtes Büschel Beifuß vertreibt böse Geister, hält Schadzauber fern und wendet den bösen Blick ab. Hänge dazu in Haus oder Wohnung, möglichst im gefühlten Zentrum oder Herz, einen Strauß selbst gesammelten Beifuß auf.

Du brauchst:

- Einen Strauß Beifuß

Anleitung:

Sprich oder sing über dem Kraut, bevor du es aufhängst:

Erinnere dich, Beifuß! Was du offenbart hast,
was du bekannt gabst bei der Verkündung der Mächte.
Una wurdest du genannt, ältestes Kraut.
Du wirkst gegen 3 und gegen 30,
Du wirkst gegen Gift und gegen die Anfliegenden,
du wirkst gegen das Übel, das über das Land fährt.
Dein Schutz sei über Haus und Hof und Haushalt.

Dieser Vers über den Beifuß stammt aus dem *Neun Kräuter Zaubergesang* und wurde im 9./10. Jahrhundert niedergeschrieben (siehe ab Seite 69).

› *Schutz mit einer Kette aus Wacholderbeeren*

Der Wacholder ist schon lange für seine schützende und klärende Wirkung bekannt. Er eignet sich u. a. für starke Schutz- und Reinigungsräucherungen. Ihm werden Geister und Dämonen austreibende Kräfte nachgesagt. Weitere Namen für den Wacholder sind: Machandel, Kranewitt, Quechholder. Kranewitt bedeutet in etwa Kranichholz. Quecholder stammt vermutlich von mittelhochdeutsch *queck*, was *wach* oder *lebendig* bedeutet. Ähnlich dem Holunder gilt Wacholder als Eingang in die Anderswelt. Als Träger der Sonnenkraft werden dem Wacholder lebensspendende Kräfte nachgesagt. Im niederdeutschen Märchen vom Machandelbaum steht der Wacholder mit Wiedergeburt und Hellsicht in Verbindung.

Die Beeren des Wacholders kann man auf eine Schnur fädeln und in Tür oder Fenster hängen. Dies soll Sonnen- und Lebenskraft hereinbringen und die Stimmung im Haus heben. Eine Wacholderbeerenkette lässt sich gut um den Türkranz schlingen.

Du brauchst:

- Wacholderbeeren
- Nadel und Faden

Anleitung:

Fädel die Wacholderbeeren unter segnendem Gesang oder Sprüchen mit der Nadel auf ein Band. Hänge die Wacholderbeerenkette dann an Tür, Fenster oder Türkranz.

› *Schutz mit der Hagebutte*

Hagebuttenfrüchte und die dornigen Zweige der Rose gelten als schützend und Schaden abwehrend für Haus, Hof und Haushalt. Insbesondere sollen sie bösen Zauber von Mensch und Tier fernhalten.

Du brauchst:

- Ein Zweig mit Dornen der Rose und Hagebuttenfrüchte

Anleitung

Befestige ein dorniges Zweiglein der Rose und einige Hagebutten an oder über der Haus-/Wohnungstür. Sprich dabei:

Zum Schutz, zum Schirm, zum Schild!
Hagebutte, Dornenrute
lasse über diese Schwelle
immer nur das Gute!

› *Heckenzauber – kraftvoller Schutz für Garten, Haus und Wohnung*

Einst waren Hecken der Inbegriff von Schutz um Haus und Hof. Die dornige Hecke hielt die Bedrohung und das Chaos der Wildnis draußen. Im Innern ermöglichte sie Ruhe und Frieden. Mit diesem Zauber kannst du relativ einfach um deinen Garten, dein Haus, deine Wohnung oder auch nur um ein einzelnes Zimmer eine schützende Hecke ziehen. Dieser Zauber wird am besten bei zunehmendem Mond ausgeführt.

Du brauchst:

- Einen roten Stift
- Einen Stein aus der Umgebung
- Blütenblätter, Dornen und/oder Blätter deiner gewünschten Heckenpflanze. Möglich sind z. B. Weißdorn, Rose, Schwarzdorn.

Anleitung:

Auf den Stein zeichnest du mit roter Farbe oder einem roten Stift dieses Zeichen:

Laufe nun mit dem Stein in der Hand die Grenzen des zu schützenden Ortes ab. Dann vergräbst du Stein und Pflanzenteile in der Erde vor dem Haus/Garten. Stelle dir dabei vor, wie eine magische golden und grün leuchtende Hecke um dein Haus oder Grundstück entsteht. Wenn du es dir nicht bildlich vorstellen kannst, dann spüre die Hecke oder wisse einfach, dass sie da ist.

Sprich oder sing dabei:
Schützender Hag alles umgibt,
was mir teuer ist und lieb.
Dornenhecke dich durchdringt,
alleine wer das Gute bringt.
Mit dem Segen der heiligen Drei
Dieser Ort geschützt nun sei.

Der Stein wirkt wie ein Anker in dieser Welt für die magische Hecke. Wenn du den Schutz nicht mehr benötigst, grabe den Stein aus, bedanke dich, wasche ihn mit Salzwasser und bring ihn zurück in die Natur. Wenn der Zauber für eine Wohnung oder ein Zimmer gebraucht wird, dann fülle etwas Erde, die Pflanzenteile und den Stein einfach in einen Beutel oder ein kleines Gefäß und bewahre sie in den zu schützenden Räumen auf. Sprich den Spruch in das Glas/Beutel, bevor du es verschließt. Du kannst auch den Stein dekorativ vor die Tür legen und die Pflanzenteile darunter.

› *Schutzkerze mit Weißdorn*

Der Weißdorn gilt im Volksglauben als unheilabwehrend und starker Schutz gegen alles Böse. Dieser Kerzenzauber reinigt und schützt kraftvoll Haus und Hof.

Lass die Kerze nicht alleine, mit getrockneten Kräutern und Öl versehene Kerzen können mit hoher Flamme abbrennen.

Du brauchst:

- Eine Kerze weiß oder eine gelbe Bienenwachskerze
- Pflanzenöl
- getrocknete Weißdornblätter
- neun getrocknete Dornen des Weißdorns
- Salz

Anleitung:

Nimm die weiße Kerze und reinige sie mit einer Methode deiner Wahl. Salbe sie mit Pflanzenöl. Zerstoße getrocknete Blätter des Weißdorns in einem Mörser und rolle die Kerze in dem feinen Pulver, sodass sie davon bedeckt ist. Befestige die Kerze auf einem Teller, streue sonnenläufig Salz um die Kerze und lege neun Dornen des Weißdorns um sie herum.

Zünde die Kerze vormittags an und lasse sie vollständig abbrennen. Sprich dazu:

Das Licht dieser Kerze alles Schlechte vertreibt.
Nur das Gute in diesem Haus verbleibt.
Im Namen der heiligen Drei
rufe ich Schutz und Segen herbei.
Für Gute Ernte und Frieden!

› *Schutz vor Eindringlingen und schlechten Träumen – Feuerstein*

Der Feuerstein ist für uns Menschen von besonderer Bedeutung. In der Steinzeit wurden aus ihm zahlreiche Werkzeuge und wichtige Waffen für die Jagd gefertigt. Zusammen mit Pyrit konnte man mit ihm sogar ein Feuer entzünden, was ihn als heiligen und zauberkräftigen Stein kennzeichnete. Der Feuerstein soll mit dem Blitz verbunden sein und er gilt als Stein des Donnergottes Thor/Donar. Funken, die aus einem Feuerstein geschlagen werden, sollen böse Geister und Dämonen vertreiben. Auch Spuk und Blendwerk lassen sich so auflösen. Ein Feuerstein im Haus schützt vor Eindringlingen und hält böse Geister sowie schlechte Träume fern.

Du brauchst:

- Einen Feuerstein, je kantiger umso besser

Anleitung:

Sprich oder sing über einem kantigen Feuerstein:

Thor, wir bitten dich, weihe diesen Stein,
er soll uns Schutz und Hüter sein.

Lege den Feuerstein in die Nähe der Eingangstür, auf ein Regal oder Ähnliches. Behandle ihn achtsam und bring ihn in die Natur zurück, wenn du ihn nicht mehr brauchst.

› *Schutz fürs Haus mit der Kraft der Eibe*

Die Eibe gilt schon sehr lange als heiliger und zauberkräftiger Baum. Sie verbindet mit dem Jenseits und der Anderswelt. Sie spielte im früheren Totenkult eine Rolle und ist auch heute noch häufig auf Friedhöfen zu finden. Man sagt ihr initiatorische Kräfte nach. Daneben ist die Eibe schon lange als mächtiger Schutzbaum und als unheilabwehrend bekannt. Eibenzweige im Haus oder über/an der Tür halten Schadenszauber, Dämonen, Flüche und allerlei Übel vom Eintreten ab.

ACHTUNG – alle Teile der Eibe, außer dem roten Samenmantel, sind sehr giftig. Die Samen selbst sind dagegen sehr giftig. Darum sind Achtsamkeit und Verantwortung beim Umgang mit der Eibe, ihrem Holz und ihren Nadeln wichtig. Kinder und Tiere sollten nicht an die Zweige kommen können und du solltest Eibe auch nicht im Haus verräuchern.

Du brauchst:

- Neun Eibenzweige

Anleitung:

Befestige ein kleines Bündel aus neun Eibenzweiglein an der Tür oder über der Schwelle.

Sprich dazu:

Vor der Kraft der Eiben kann kein böser Zauber bleiben.
Über diese Schwelle tritt nur Glück und guter Wille.

› *Zauberöl als Schutz für Haus und Hof*

Mit diesem Öl kannst du Schutzkerzen für dein Zuhause salben oder andere Zauber, die dein Haus und deinen Hof schützen sollen – wie einen Türkranz, die Türschwellen, Türpfosten oder Ähnliches. Als Basis für dieses Öl eignen sich Oliven- oder Sonnenblumenöl.

Du brauchst:

- Ein Fläschchen für das Zauberöl
- Pflanzenöl
- Salz: Schutz und Segen
- Einen kleinen Splitter Feuerstein – Schutz
- ***Pflanzenteile (getrocknet oder frisch)***:
  9 Wacholderbeeren: Schutz von Heim und Familie. Stärkt die Liebe. Unterstützt die Heilung. Treibt böse Geister aus. Ist verbunden mit Frau Holle und den Ahnen.
  9 Dornen von Rose oder Weißdorn (besonders wirksam, wenn sie aus deinem Garten stammen): Abwehr von Schaden und bösen Wünschen. Hält unerwünschte Gäste und vor allem auch Menschen mit unlauteren Absichten fern.
  Echtes Eisenkraut: Hilft bei der Abgrenzung, wehrt den bösen Blick ab. Es schützt und stärkt die Aura, macht sympathisch. Schützt vor Schadenszauber und stärkt die Harmonie. Wenn du kein Eisenkraut hast, kannst du auch Rosmarin, Johanniskraut oder Kamille wählen. Schau am besten in die Tabelle mit den Korrespondenzen, was besonders gut passt.

- *Ätherische Öle (jeweils 9 Tropfen)*:
  Thymian: Stärkt den Seelenfrieden, zieht Geld an und beschützt den Wohlstand, hilft gegen Albträume.
  Fichte: Vertreibt schwere Energien, vermittelt Wärme, Geborgenheit und Schutz. Zieht Licht und Kraft an. Wirkt klärend, desinfizierend und reinigend.
  Rosmarin: Starker Schutz und hält Schadenszauber und den bösen Blick fern. Zieht Glück an und bringt gute Träume. Hilfreich bei Familienangelegenheiten.

Anleitung:

Reinige die Flasche mit einer Methode deiner Wahl.

Gib einige Körnchen Salz in das Fläschchen.

Besprich die anderen Zutaten, wie im Kapitel über das Wachrufen der Kraft erklärt. Gib dann die Pflanzenteile und den Feuersteinsplitter in die Flasche. Gieße alles mit dem Öl auf. Für die Haltbarkeit kannst du einige Tropfen Vitamin E hinzufügen. Schüttel das Öl und sprich oder singe möglichst täglich über ihm. Du kannst es auch auf schützende Symbole stellen, zu denen du einen Bezug hast, um es zusätzlich aufzuladen. Bitte deine Geister, Götter und Ahnen bzw. die Kraft im Universum, mit der du dich verbunden fühlst, um ihren Segen und Schutz. Wenn du Frischpflanzen verwendet hast, müssen ständig alle Pflanzenteile mit dem Öl bedeckt sein, damit es nicht schlecht wird oder schimmelt.

Nach spätestens 9 Wochen oder auch nach einem Mondumlauf seihst du das Öl von allen festen Bestandteilen ab. Fülle es in ein sauberes Fläschchen und etikettiere es entsprechend. Vergiss das Datum nicht. Den Feuerstein kannst du auch wieder hineingeben, wenn du möchtest.

Schutz, um ihn bei sich zu tragen

In früheren Zeiten war ein magisches Weltbild sehr verbreitet. Wer an die Wirksamkeit von gutem Zauber und Segen glaubte, war sich meist auch der Möglichkeit von Schadensmagie und Fluch bewusst. Uns sind heute zahlreiche Bräuche und Überlieferungen zum Schutz von Haus und Hof, Vieh oder Personen erhalten.

› *Schutzamulett mit Salz*

In der Volksmagie gilt Salz schon sehr lange als kraftvoller Schutz, antidämonisches Mittel und als Heilmittel gegen angezauberte Krankheiten. Wenn du es mal eilig hast und schnell und unkompliziert Reinigung oder magischen Schutz benötigst, dann ist Salz eine ausgezeichnete Wahl. Als Schutz für unterwegs kann man z. B. ein wenig Salz in ein Tuch binden oder in einem kleinen Gefäß bei sich tragen.

Du brauchst:

- Ein kleines Gefäß oder ein Tuch
- Etwas Salz

Anleitung

Sprich über dem Salz einen Segen oder ein kurzes Gebet, z. B.:

Geheiligt ist das Salz der Erde mit der Götter Segensmacht.
Dass geschützt ich von ihm werde am hellen Tag, in dunkler Nacht.

Du kannst auch deine eigenen Worte wählen.

Gib das Salz nun in das Tuch oder in das Gefäß und verschließe es sorgfältig, sodass du es als Amulett oder in der Tasche bei dir tragen kannst.

› *Ein Amulett gegen Ängste, den bösen Blick und Schadenszauber mit Engelwurz*

In der Volksmagie gilt die Engelwurz als zauberwidrige und vor schädlichen Energien schützende Pflanze. Ein Engelwurzamulett umhüllt die Person mit seiner Kraft und bietet Schutz vor Schadensmagie und Verwünschungen. Darüber hinaus stärkt es das Urvertrauen.

Du brauchst:

- Angelikawurzel (Am besten eignet sich ein Wurzelstück. Falls nicht verfügbar, kannst du auch geschnittene Angelikawurzel nehmen)
- Tuch für einen Zauberbeutel
- Band zum Verschließen des Zauberbeutels

Anleitung:

Nimm die Angelikawurzel in die Hand und sprich oder sing über ihr:

Heilige Wurzel,
du Licht aus der Erde,
erinnere dich an deine Kraft.
Dein Zauber umgibt wie ein leuchtender Mantel,
Schutz zu schenken ist deine Macht.
Ich bitte dich um Schirm und Schild,
und dass du mich mit schützendem Leuchten umhüllst.
Mit dem Segen der heiligen Drei, es sei!

Gib die Wurzelstücke auf ein kleines Stück Tuch und binde daraus mit einem Band einen Zauberbeutel. Trage diesen Beutel bei dir als Schutz und Segen. Ein Wurzelstück kann im Ganzen durchbohrt und direkt auf der Haut getragen werden.

› *Schutz vor Neid, bösem Blick und Mobbing – Eisenkraut*

Neid und Missgunst werden weltweit in der Volksmagie mit (oft sogar unabsichtlichem) Schadenszauber in Verbindung gebracht. Neidische und missgünstige Blicke sollen Schaden und Unglück verursachen können. Es gibt daher zahlreiche Überlieferungen, wie man Neid und Missgunst begegnen kann. Das echte Eisenkraut (*Verbena officinalis*) gilt als starke Schutz- und Zauberpflanze. Es wird in der Magie auf verschiedenste Weise genutzt. Blüten und Blätter des Eisenkrautes sollen beliebt machen und gleichzeitig vor Neid und bösem Blick schützen. Ein kleines Säckchen oder Fläschchen gefüllt mit Eisenkraut kann als Amulett oder Talisman getragen werden.

Du brauchst:

- Echtes Eisenkraut
- Einen kleinen Beutel oder ein Fläschchen

Anleitung:

Sprich 3 Mal über dem Kraut:

Eisenkraut, umhülle mich mit deinem Schutz und deinem Licht.
Für Gute Ernte und Frieden.

Fülle das Kraut in Beutel oder Fläschchen und trage es bei dir.

› *Schutz mit Bernstein (besonders für Frauen und Mädchen)*

Der Bernstein gilt in der Volksmagie schon lange als Schutz gegen böse Geister, Beschreien (Verzaubern), Krankheit und allerlei Übel, insbesondere für Frauen und junge Mädchen. Bernsteinketten sollen auch rheumatischen Beschwerden vorbeugen und Kindern das Zahnen erleichtern. In früheren Zeiten wurde Bernstein auch unter der Geburt als Unterstützung verräuchert. Er gilt als verbunden mit Göttinnen wie Freya und Frigg oder den Matronen (Muttergöttinnen).

Du brauchst:

- Einen Bernstein

Anleitung:

Um den Bernstein als Schutz und Abwehrzauber zu nutzen, nimm ihn in die Hand und sprich aus dem Herzen einen Schutz- und Segensspruch, z. B.:

Bernstein, sei mir lichter Schild,
leuchtend Schutz und Schirm.
Halt mit deiner Sonnenkraft
sämtlich Schaden fern.
Freya – Syr – Vanadis,
sei mir gut und segne mich.

Der Bernstein sollte regelmäßig unter fließendem Wasser oder vorsichtig mit Salzwasser gereinigt werden. Ich habe auch gute Erfahrungen mit Beifuß bei der Reinigung von Steinen gemacht, egal ob als Räucherung, Tee oder (alkoholfreies) Hydrolat.

› *Schutz mit der Kraft der Linde*

Die Linde gilt von jeher als machtvoller und lichter Schutzbaum. Sie ist mit der Kraft der großen Göttinnen verbunden. Ein Amulett aus Lindenholz soll der Überlieferung nach vor dem Zauber und den Schüssen von übelwollenden Hexen, Elfen und anderen *Anfliegenden* schützen.

Du brauchst:

- Eine Linde

Anleitung:

Finde eine Linde, die dir ein kleines Stück ihres Holzes für diesen Zweck überlässt. Höre dabei auf deine Intuition. Bedanke dich dafür und hinterlasse eine Gabe.

Sprich, bevor du es einsteckst oder umbindest, 3 Mal:

Beschirmt sei ich jetzt
Unter einem Linden Schild
Unter einem Schild aus Licht

Trage dieses kleine Stück Lindenholz bei dir. Dieses Schutz-Amulett kannst du auch für andere anfertigen und verschenken.

› *Schutz mit Haselholz*

Das Holz der Haselnuss gilt als schützend und unheilabwehrend. Wer Haselnussholz als Stecken oder Amulett bei sich trägt, ist vor Unheil, bösen Geistern und Verzauberung geschützt.

Du brauchst:

- Einen Haselstrauch

Anleitung:

Finde einen Haselstrauch und sprich direkt zu ihm:

Haselzweig, ich bitte dich,
komm mit mir und schütze mich.

Achte jetzt und hier auf deine Intuition. Ist der Haselstrauch bereit dir das Holz für deinen Stecken oder dein Amulett zu geben? Wenn ja, nimm das Holz mit. Hinterlasse eine kleine Gabe des Dankes am Haselstrauch.

› Gegen Fluch und Schadenszauber mit Dost

Schon in der Antike ist der Dost als Dämonen und Fluch abwehrend bekannt. Aus dem Mittelalter und der Neuzeit sind zahlreiche lokale Geschichten zum Dost verbreitet. In diesen bewahrt er Kinder, Schwangere oder Wanderer vor Schaden, bösen Geistern, Dämonen und sogar vor dem Teufel selbst. Auch verzauberten Tieren gab man Dost ins Futter und hängte besprochenen Dost in die Häuser, verräucherte ihn, legte ihn in Betten oder trug ihn bei sich, um Schadenszauber, Flüche und Verwünschungen zu brechen und fernzuhalten.

Du brauchst:

- Etwas Dost

Anleitung:

Um die starke Schutzkraft des Dostes zu nutzen, nimm etwas Dost und besprich ihn folgendermaßen:

Kraftvoller Dost, ich bitte dich,
mit gutem Wort besprech ich dich:
Zum Ersten mit Urd
Zum Zweiten Verdandi
Zum Dritten mit Skuld[25]
Und mit dem Segen der heiligen Drei
Zum Schutz, zum Schirm, zum Schild.
Es sei!

Den so besprochenen Dost kannst du an deiner Tür aufhängen, als Amulett bei dir tragen oder zur Hausreinigung verräuchern. Da die drei Nornen in diesem Vers mit Namen genannt werden, sind auch sie es, die mit den „heiligen Drei“ gemeint sind.

Pestessig – der Essig der vier Diebe

Der Essig der vier Diebe ist ein legendäres Rezept aus Volksmagie und Brauchtum. Der Sage nach entstand es den 20er Jahren des 18. Jahrhunderts in Südfrankreich.

Die Sage um den Essig der vier Diebe

Die Pest wütete besonders schlimm in Städten wie Toulouse und Marseille. In dieser Zeit plünderten vier Räuber die Heime von Pestkranken und Verstorbenen. Trotz der großen Ansteckungsgefahr erkrankten sie selbst jedoch nicht an der Pest. Nachdem sie gefasst wurden, bot man ihnen Straffreiheit an. Sie brauchten nur zu verraten, wie es ihnen gelungen sei, gesund zu bleiben. Sie nahmen das Angebot an und gaben ihr Geheimnis preis. Angeblich trugen sie bei ihren Raubzügen in besonderen Essig getauchte Tücher vor Mund und Nase. Außerdem wuschen sie sich selbst und ihr Diebesgut gründlich mit diesem Essig. Diese Geschichte verbreitete sich rasch in ganz Europa und heute sind uns etliche leicht unterschiedliche Varianten der Geschichte, aber auch der Rezepte erhalten geblieben. Zum Schutz gegen Infektionskrankheiten sollte man sich mit dem Pestessig den Mund ausspülen, verschiedene Körperteile damit waschen oder ein paar Löffel täglich einnehmen. Aufgrund dieser Legende wird der Vier-Diebe-Essig auch *Pestessig* genannt.

Die meisten *Vier Diebe*-Rezepturen enthalten einige der folgenden Zutaten in Essig ausgezogen: Wermutkraut, Rosmarin, Wacholderbeeren, Lavendel, Kalmuswurzel, Knoblauch, Zimt, Muskat, Gewürznelken, Pfefferminze, Engelwurz und Kampfer.

Meyers Konversations-Lexikon von 1888 gibt an,

> *Der Räuberessig (Pestessig) galt früher als Schutzmittel gegen ansteckende Krankheiten und wird auch jetzt noch zum Räuchern von Krankenzimmern benutzt. Man behandelt Wermut, Raute, Pfefferminze, Rosmarin, Salbei, von jedem 22,5 g, Lavendelblüten 30 g, Engelwurzel, Kalmuswurzel, Knoblauch, Zimt, Muskatnuß, Gewürznelken, von jedem 3,75 g, mit 2 kg Weinessig und 120 g konzentriertem Essig, preßt nach einigen Tagen ab und setzt 11 g Kampfer, in 30 g Alkohol gelöst, hinzu.*[26]

Heutige Anwendung

Der Vier-Diebe-Essig fand Eingang in zahlreiche magische Traditionen und Zauber. U. a. in die europäische Volksmagie und ins afroamerikanische Hoodoo. Er gilt als mächtiges Mittel, um Schaden, Neid, den bösen Blick und natürlich vor allem Krankheit von Mensch, Haus und Hof fernzuhalten.

Ich selbst verwende ein Rezept ohne Kampfer. Es eignet sich u. a. für die spirituelle Reinigung, im Wischwasser zur Hausreinigung und auch zum Gurgeln bei Entzündungen im Mund- und Rachenbereich.

Wenn du dich mit den Pflanzen nicht auskennst oder unsicher bist, dann erkundige dich bei der Kräuterfachfrau/dem Kräuterfachmann deines Vertrauens.

› Grundrezept Vier-Diebe-Essig

Du brauchst für 500 ml:

- Je 1 Esslöffel Salbei, Lavendelblüten, Rosmarin,Thymian

Zubereitung:

Alle Kräuter wie immer einzeln besprechen und ihre Kraft wachrufen.

Die Kräuter grob zerkleinern. Alle Zutaten in ein verschließbares Glasgefäß geben und mit dem Essig aufgießen. Ich benutze am liebsten Apfelessig. Sprich nun heilende und segnende Verse über dem Essig. Die Mischung 14 Tage an einem warmen Ort ziehen lassen, täglich schütteln. Durch einen Filter gießen und in saubere Flaschen füllen.

Zur Grundmischung können nach Geschmack verschiedene weitere abwehrende und stärkende Kräuter hinzugegeben werden, wie z. B.:

- Je 1 EL Pfefferminze, Bibernell, Beifuß, Angelikawurzel und Wermut
- Je 3 Knoblauchzehen und Gewürznelken
- Je ½ TL gemahlener Zimt und Muskatnuss

Anwendung:

Dieser Essig eignet sich sehr zur energetischen Reinigung von Gegenständen, Räumen und Personen. Er kann dem Putzwasser hinzugegeben oder zum Reinigen der Türschwelle verwendet werden. Ihm wird nachgesagt, dass er schädliche Einflüsse und Krankheitskeime abwehren sowie Feinde fernhalten kann. In früheren Zeiten verräucherte man ihn tröpfchenweise und vorsichtig auf heißen Steinen in gut gelüfteten Krankenzimmern.

Vorbeugend oder bei Entzündungen im Mund- und Rachenbereich: 3 Mal täglich 2 EL Essig mit einem Glas Wasser verdünnt trinken oder damit gurgeln.

Anwendung, Herstellung etc. immer auf eigene Gefahr. Die Anwendung ersetzt selbstverständlich nicht den Besuch beim Arzt.

› *Schutz mit dem Bergkristall*

Bergkristall gilt beinahe überall auf der Welt als besonders magischer und kraftvoller Stein. In Europa galt dies ebenso wie in Asien, Afrika oder Südamerika. Auch heutige schamanisch-magisch Wirkende berichten von der Kraft des Bergkristalls. Er sei leuchtend, schützend, kraftspendend und ihm wird die Fähigkeit nachgesagt Krankheiten, böse Geister und sogar Dämonen vertreiben zu können. In Europa wurden kleinere und größere Kugeln aus Bergkristall auch gerne im Orakel als *Kristallkugel* verwendet. Als Schutzstein soll das Leuchten des Bergkristalls seinen Träger mit Licht umhüllen und so allen Schaden fernhalten können. Hilfreiche und schützende Geister wohnen gerne im Bergkristall.

Du brauchst:

- Einen Bergkristall

Anleitung

Um einen Bergkristall als persönlichen Talisman zum Schutz vorzubereiten, kannst du folgendermaßen vorgehen:

Reinige ihn unter fließendem Wasser und in Beifußrauch. Nimm ihn in beide Hände und sprich oder sing, sodass dein Atem ihn berührt:

Bergkristall, Himmelslicht,
um deinen Schutz bitte ich dich,
umhülle mich mit deinem Schein,
mögest du mein Lichtschild sein!

Lege den Kristall hin und wieder vorsichtig in die Morgensonne. Bitte achte beim Kauf von Bergkristall auf Herkunft und Nachhaltigkeit.

› *Schutzkerze besonders für Frauen mit Frauenmantel*

Schon der Name verrät, dass dieses Kraut besonders mit den Frauen verbunden ist, nicht nur in der Heilkunde, auch in der Magie. Vom Frauenmantel heißt es, dass er die Frauen mit einem schützenden Mantel umgeben kann. Manche Sage erzählt, dass sich gute Geister in ihm verbergen. Die *Holzfräulein*, magische, gutmeinende Naturgeister, sollen sich mit dem Tau waschen, der am Morgen in den Blättern zu finden ist. Wenn du oder eine Frau, die du kennst, besonderen Schutz benötigt, kannst du dies mit dem folgenden Zauber unterstützen.

ACHTUNG: Kerze nicht alleine lassen, Kerzen mit Kräutern brennen oft mit großer Flamme ab.

Du brauchst:

- Etwas Frauenmantel, getrocknet, eine Kerze, etwas Olivenöl

Anleitung

Nimm etwas getrockneten Frauenmantel in die Hand und sprich oder sing darüber:

Alchemilla Zauberkraut,
bist Schutz und Kraft für jede Frau.
Ich bitte dich, hülle mich ein,
dein Licht, das soll mein Mantel sein.
Mit dem Segen der heiligen Drei, es sei!

Zerstoße das Kraut in einem Mörser. Nimm eine Kerze, reinige sie z. B. durch Räuchern. Öle die Kerze z. B. mit Olivenöl ein. Wälze die Kerze in den Kräutern. Befestige die Kerze auf einem feuerfesten Untersetzer, streue überzähligen Frauenmantel um die Kerze herum. Zünde die Kerze unter weiterem Singen oder Sprechen des Spruchs an. Stelle dir beim Singen/Sprechen möglichst deutlich vor, wie ein schützender Mantel, eine Hülle aus Licht die Frau umgibt und vor allem Übel bewahrt.

Glück und Segen

› *Schutz und Glück mit Stechpalme*

Die Stechpalme, auch Winterbeere, gilt in Brauchtum und Volksmagie als zauberkräftige Pflanze. Sie steht für Glück, Gesundheit, Wohlstand und ist ein Schutz gegen böse Geister, Krankheit, Unglück und Dämonen. Stechpalmenzweige mit roten Beeren sollen dabei über besonders glücksbringende und schützende Eigenschaften verfügen. Man sagt ihr nach, vor *Wetterschlag* und Gewitter zu schützen. Besonders in der englischen Volksmagie heißt es, dass manche wohlmeinende Waldgeister in den Zweigen der Stechpalme überwintern und sich mit Glück und Schutz bei den Hausbewohnern bedanken, wenn man sie im Winter als Zweiglein mitnimmt an ein warmes Plätzchen. Typischerweise werden sie im Haus (oder Stall) aufgestellt, als Zweig über Türen gehängt oder im Kranz an der Tür befestigt.

ACHTUNG: Blätter und Beeren der Stechpalme sind giftig. Bitte außerhalb der Reichweite von Kindern und Tieren aufstellen und nicht innerlich oder am Körper anwenden.

Du brauchst:

- Zweiglein von der Stechpalme

Anleitung:

Sprich diesen Vers drei Mal über der Pflanze, bevor du ein Zweiglein der Stechpalme schneidest oder bei dir zu Hause aufstellst/aufhängst:

Winterbeere – Immergrüne,
Stechpalme, du wunderschöne,
ein guter Geist ist in dir daheim,
soll bei uns willkommen sein.
Schenkt uns Schutz – bringt Glück herein.
Mit dem Segen der heiligen Drei, so soll es sein!

› *Kerzensegen – um Hof, Haus und Familie zu schützen*

Dieser Kerzenzauber richtet sich an die heiligen Drei. An wen du dich bei diesem Segen wendest, ist abhängig von deiner eigenen Überzeugung und deinem Glauben. Dieses kleine tägliche Ritual ist inspiriert von einem historischen Haus- und Herdsegen von den äußeren Hebriden, Schottland, bei dem das brennende Feuer gesegnet wurde. Ich habe diesen Segen etwas abgeändert, damit er in die heutige Zeit passt, in der wir meist kein Feuer die ganze Nacht brennen lassen.

Du brauchst:

- Eine Kerze

Anleitung:

Sprich diesen Segen ein Mal am Tag, während du eine Kerze entzündest.

Der Schutz der heiligen Drei
Ich erbitte den Segen der heiligen Drei
Zum Schutz. Zum Schild. Zum Schirm.
Für Hof und Haus und Haushalt.
Diesen Abend, diese Nacht, diesen Tag
Diese Nacht und alle Nacht, und jeden einzelnen Tag.
Für Frieden und Gute Ernte.

Lass die Kerze einige Zeit unter Aufsicht brennen. Wenn du sie schließlich löschst, stell dir vor, wie sich im Moment des Löschens ein goldener Lichtschein, ausgehend von der Kerze, um dich, deine Lieben und dein Zuhause ausbreitet. Wie eine große, goldene Lichtkugel, die dein Zuhause und die Deinen schützend und bewahrend umgibt. Wenn du Feuer oder Kerze gut gesichert und wie damals die Nacht über brennen lässt, stellst du dir vor, wie sich die Lichtkugel und der schützende Schild von dem Moment an, in dem du den Segen sprichst, um dein Feuer/Licht, deine Wohnung, dein Haus und dein Grundstück ausbreitet.

› *Ein Reisesegen aus alter Zeit*

Wenn Menschen auf Reisen gehen, waren sie schon immer besonderen Risiken ausgesetzt und die Daheimgebliebenen sind oft besorgt. Gib doch deinen Lieben einen schönen gesprochenen Segensgruß mit auf den Weg.

Du brauchst:

- Nur dich und deine Stimme

Anleitung:

Zu sprechen zu einem lieben Menschen, den wir auf eine Reise verabschieden:

Fahre heil!
Komm heil wieder!
Mögest du heil sein auf deinen Wegen.
Möge deine Weisheit dir nutzen, wohin du auch gehst.

Während du den Spruch sprichst, stelle dir vor, wie schützendes goldenes Licht und Segen den Reisenden umgeben und wie es ihn weiterhin umgeben wird, bis ihr euch wiederseht. Einen ähnlichen Segen gibt Frigg ihrem Gatten Odin mit auf den Weg, als dieser ins Reich der Riesen aufbricht, um Weisheit zu finden.

Heil sein bedeutet: unversehrt, ganz, gesund, aber auch glücklich und begünstigt.

› *Räucherritual für Glück und Wohlstand, wider den bösen Blick mit Waldmeister*

Der wohlduftende Waldmeister findet schon lange Verwendung in Heilkunde und Volksmagie. Er war Teil zahlreicher Zauber und Bräuche rund um den Schutz vor bösem Zauber, vor Flüchen oder vor dem bösen Blick. Er soll Erfolg und Wohlstand unterstützen sowie das kleine Volk anlocken und erfreuen. Gemeinsam mit Minze und Johanniskraut wirkt er stark gegen Schadenszauber. Als Räucherung sagt man ihm eine schützende, Glück bringende und den bösen Blick vertreibende Wirkung nach.

Du brauchst:

- Etwas nachhaltig geernteten, getrockneten Waldmeister
- Ein feuerfestes Gefäß
- Ein Stück Räucherkohle

Anleitung:

Wenn die Kohle ganz durchgeglüht ist, streue etwas von dem getrocknetem Kraut auf die heiße Kohle. Stelle das Räuchergefäß auf den Boden. Steige drei Mal langsam darüber hinweg und durchschreite den Rauch. Sollte dies nicht möglich sein, wasche dich mit dem Rauch wie mit Wasser. Sprich dabei:

Waldmeister Kraft,
Wunder erschafft.
Bringst mir Glück
und freundlichen Blick.
Frieden und Segen
im täglichen Leben.
So soll es sein!

› *Glück und Fruchtbarkeit mit der Buche*

Die Buche galt den Menschen lange Zeit, aufgrund ihrer essbaren Bucheckern, als mütterlicher, fruchtbarer und lebensspendender Baum. Viele regionale Fruchtbarkeitsbräuche für Mensch und Tier nutzen die Kraft der Buchen. Stäbe aus Buchenholz kannte man außerdem als Orakel. Im Volksglauben heißt es, dass der Blitz in Buchen nicht einschlägt, sie gelten daher als Schutz vor Gewitter, aber auch vor Schicksalsschlägen. Die Buchen auf dem Olymp in Griechenland galten als Wohnort der weisen Eulen der Athene. Sprachlich stammt der Begriff *Buche* vermutlich vom protogermanischen **bōks* ab, was in etwa *Los, Zugeteiltes* bedeutet. Ein kurzes Zweigstück von einer Buche als Amulett getragen, soll dem Träger Glück, Schutz und Fruchtbarkeit schenken. Fruchtbarkeit kann dabei tatsächlichen Kindersegen meinen, aber auch Fruchtbarkeit im beruflichen, geschäftlichen Sinne oder auch im übertragenen Sinn, d. h. die Fruchtbarkeit des Geistes, also Kreativität, Wissen und Weisheit.

Du brauchst:

- Eine Buche oder ein kleines Stück Buchenholz

Anleitung:

Nimm ein kleines Stück Buchenholz. Am besten während eines zunehmenden Mondes selbst gesammelt und unter Zurücklassen einer Gabe.

Sprich oder sing drei Mal darüber:

Mit dem Segen der heiligen Drei
bitte ich um Fruchtbarkeit.

Füge eigene Worte hinzu, wenn du möchtest. Trage das Buchenamulett danach bei dir am Körper, als Kette oder in der Tasche.

Aus der Prosa-Edda, Skáldskaparmál:

> *Als Thor zu Geirröd reiste, musste er einen mächtigen Strom namens Wimur durchwaten. Durch Zauberkraft der Riesin Gjalp schwoll dieser zu einem reißenden Fluss an. Thor rettete sich, indem er den Ast einer Eberesche ergriff. Daher stammt der Ausdruck, die Eberesche sei Thors Rettung (Thorsbjörg).*

› Glück und Schutz mit der Eberesche

Die Eberesche ist in den nordischen Mythen mit dem Gott Thor verbunden. Eine Eberesche rettet ihn aus einem reißenden Strom. Aus diesem Grunde ist die Eberesche Thor heilig, sie soll vor Blitzschlag und bösem Zauber schützen sowie Glück ins Haus locken. In Irland, England und Schottland gilt die Eberesche als schützend vor bösem Zauber. Eine Möglichkeit magisch Glück anzulocken und Haus und Bewohner zu schützen ist es, die roten Beeren der Eberesche zu Girlanden aufzufädeln und damit die Eingangstür oder Türkränze zu schmücken.

Du brauchst:

- Ebereschenbeeren
- Nadel und Faden

Anleitung:

Fädel die Beeren mit der Nadel auf den Faden, sing oder sprich dabei:

Ich bitte um Schutz,
dieser Kranz sei hier Trutz.
Ich lade dich ein,
du Glück, komm herein.

Wiederhole den Vers, wenn du die Kette aufhängst.

› *Segen, Schutz, Heilung mit der Kraft der Kamille*

Dieser Zauber nutzt einen Teil aus der Überlieferung des angelsächsischen Nigon Wyrta Galdor ab Seite 69.

Die Kamille ist seit alters her bekannt als besonders kräftige Heil- und Zauberpflanze. Ihr werden zahlreiche magische und heilende Kräfte nachgesagt. Sie soll das persönliche Glück stärken. Schutz, Segen und Heilung bewirken. Schädlichem Zauber, insbesondere auch schlechtem Geldzauber, entgegenwirken und sogar Flüchen widerstehen.

Du brauchst:

- Einen Becher Kamillentee

Anleitung:

Für diesen Zauber koch dir einen schönen Becher Kamillentee. Lasse ihn nach Anleitung ziehen.

Halte den Becher mit beiden Händen. Sammel dich, atme ruhig und konzentriere dich auf deine Absicht. Lass dich von deinem Herzen und deinem Willen leiten. Ziehe dein Bewusstsein, deine Kraft in deinem Herzen zusammen. Verbinde dich innerlich mit den Kräften deiner Götter, Geister, Ahnen, mit dem Universum, deinem Krafttier, deiner Fylgja, was auch immer deinem persönlichen Glauben und Weltbild entspricht.

Spüre, wie sich die Kraft dieser höheren Mächte hinter dir und in dir sammelt. Wenn du die Verbindung zum „großen Ganzen“ spüren kannst und die Kraft in dir zu steigen beginnt wie eine Welle, die gleich bricht, dann sprich oder singe den Spruch:

Erinnere dich, Kamille,
was du offenbart hast.
Erinnere dich an deine Kraft
Gesundheit zu erhalten,
vor den Anfliegenden (Viren, Bakterien, ansteckende Krankheiten)
zu schützen.
Inneren und äußeren Reichtum zu bewahren und zu mehren.
Gib deine Kraft hinein in diesen Tee.
Für Gute Ernte und Frieden.

Spüre, während du sprichst, die ansteigende Welle der Kraft und wie sie bricht. Wie sie überströmt. Spüre, wie mit jedem Wort die Kraft von den höheren Mächten durch dich in deinen Becher fließt. Vielleicht spürst du Hitze oder Druck in dir, lass beides frei durch deine Hände und deine Worte fließen.

Wiederhole den Vorgang drei oder neun Mal.

Blase zum Abschluss drei Mal über den Tee. (In Zeiten von Corona natürlich entsprechend achtsam, d. h. der Tee ist dann nur für dich zum Trinken geeignet.) Bedanke dich bei den waltenden Kräften und bei der Kamille. Trinke und genieße diesen magischen Kamillentee – spüre, wie dich die schützende und leuchtende Pflanzenkraft umgibt und durchdringt.

Falls du Kamillentee nicht trinkst, kannst du ihn auch in deine Badewanne geben und ein schützendes und glückbringendes Bad nehmen. Falls du gerne das Bad nehmen würdest, aber keine Badewanne hast, dann nimm z. B. ein Fußbad oder wasche dich mit dem Teewasser. Du kannst den Tee in dein Wischwasser geben und so Segen und Glück im ganzen Haus verteilen.

Selbstverständlich kannst du diesen Zauber auch mit jedem anderen Kräutertee ausführen. Passe den Spruch dann entsprechend an.

› *Für Aufmerksamkeit, Konzentration und gute Stimmung mit der Kraft des Kaffees*

Du brauchst:

- Einen Becher Kaffee

Anleitung:

Um zusätzliche Kraft in deinen Morgenkaffee zu singen/zu sprechen, nimmst du den Becher in beide Hände. Singe oder sprich direkt über dem Getränk deine Bitte um Kraft, z.B.:

Kaffee, erinnere dich an deine Kraft und an deine Gabe.
Kaffeepflanze, ich bitte dich, gib deine Kraft und
deinen Segen hinein in dieses Getränk.
Wasser, ich bitte dich,
erfülle mich mit Wärme und erhalte mich.
Möge dieses Getränk gesegnet sein
von Geistern, Göttern und Ahnen.

Wende dich, während du sprichst, innerlich der Pflanze, dem Wasser und den höheren kosmischen Kräften zu, an die du glaubst. Spüre ihre Kraft und verbinde dich mit ihnen.

Es ist hilfreich, wenn du fair, biologisch und nachhaltig produzierten Kaffee hierfür verwendest.

Selbstverständlich klappt das auch mit Tee.

Wusstest du, dass Kaffee bzw. das darin enthaltene Koffein neben den bekannten Wirkungen außerdem die Geschwindigkeit des Denkens erhöht, das Lernen erleichtert und das Langzeitgedächtnis verbessert?[27]

› *Segen in ein Getränk geben*

Segen und Kraft können in jedes Getränk hineingerufen werden, sei es ein Glas Wasser, Saft, Kaffee oder Tee. Wasser ist Leben. Es zu trinken verbindet uns mit allem Leben auf dieser Erde, das war, das ist und das sein wird. Wasser ist Träger von Information, von Kraft und Energie. Wenn wir dem Wasser noch anderes zusetzen, wie Kräuter, Kaffee, Früchte etc., dann nimmt das Wasser auch die Wirkstoffe und die Informationen dieser Zusätze auf und gibt sie an uns weiter.

Du brauchst:

- Etwas von deinem Lieblingsgetränk

Anleitung:

In der Volksmagie gehen wir davon aus, dass alles beseelt und Träger von Kraft ist. Recherchiere, welche positiven Wirkungen deinem Lieblingsgetränk so nachgesagt werden. Dann fasse sie zusammen in einem kurzen Sprüchlein, z. B.

Kaffee, du hast die Kraft den Geist zu erhellen und mich mit Kraft zu erfüllen. Du hast die Fähigkeit meine Zellen zu schützen und mich zu erhalten. Gib hinein diese Kräfte in mein Getränk und trage mich durch diesen Tag.

Oder etwas Vergleichbares für dein Lieblingsgetränk. Wenn du den Spruch fertig hast, nimm eine Tasse/Glas in beide Hände: Atme ruhig und gelassen, konzentriere dich ganz auf das Getränk in deinen Händen. Versuche seine Energie, seine Kraft zu spüren. Stelle es dir auch in seiner „Ur"form vor – als Quelle oder die entsprechenden Pflanzen. Sprich nun deine Bitte aus. Nimm wahr, wie sich das Getränk verändert, wie es an Kraft und Segen zunimmt. Möglicherweise kannst du auch ein Leuchten vor deinem inneren Auge wahrnehmen. Nimm jetzt einen Schluck, bedanke dich, genieße den Rest deines Getränkes wie immer.

Gesundheit

› *Laukar-Zauber – Lauch ins Getränk werfen*

Laukar ist ein magisches Wort aus dem Gemeingermanischen, das häufig aber nicht ausschließlich auf Amuletten der Völkerwanderungszeit gefunden wurde. Laukar (und auch Laukaz) bedeutet im engeren Sinne *Lauch* (alle lauch- oder zwiebelartigen Pflanzen wie Lauch, Porree, Küchenzwiebel etc.). Pflanzen aus der Lauch- oder Zwiebelfamilien wurden in der Heilkunde für verschiedenste Zwecke genutzt wie Brüche, Schwellungen, Entzündungen etc. sowohl bei Tieren als auch bei Menschen. Lauchpflanzen enthalten viele Vitamine, Mineralstoffe, Spurenelemente und sekundäre Pflanzenstoffe. Sie wirken sich positiv auf unterschiedlichste Stoffwechselprozesse aus, stärken das Immunsystem, Herz und Kreislauf und vieles mehr. Zudem wirken Lauch und seine Verwandten antibakteriell, antiviral und antimykotisch.

In einem weiteren Sinn meint Laukar (oder Laukaz) *Gesundheit*, *Heilung*, *Wohlbefinden*, *Wachstum*. In dieser weiter gefassten Bedeutung findest es sich an verschiedenen Stellen in den Texten der Edda, auf magischen Amuletten und scheint ein fester Bestandteil der Magie zum Wohle gewesen zu sein. Einer dieser Texte in der Edda ist das Lied der Sigrdrifa. Es handelt von der Begegnung der Walküre Sigrdrifa mit dem Helden Sigurd. Im Verlauf des Textes unterweist die Walküre den Helden auch in Magie und Zauber. Neben anderem rät sie ihm, Lauch für die Gesundheit in sein Getränk zu werfen. Man kann wohl getrost davon ausgehen, dass sie nicht meint, dass er sich eine Zwiebel ins Bier werfen möge, sondern dass es hier um das magische Wort Laukar geht.

Wie beim Hlūtraz wird die Kraft durch magischen Gesang und Zauberton übertragen.

Du brauchst:

- Ein Getränk deiner Wahl

Anleitung:

Nimm ein Getränk deiner Wahl in die Hände.

Atme ein und aus. Sammle dich. Konzentriere dich. Verbinde dich gedanklich mit den guten und höheren Kräften deines Weltbildes. Spüre die Kraft in dir aufsteigen und sing, sprich oder töne über dem Getränk, sodass dein Atem die Oberfläche berührt:

Laukar.

Du kannst die Kraft unterstützen, indem du dir vorstellst, wie grüngoldenes, lebensstärkendes Licht beim Tönen des magischen Wortes in deinem Getränk zu schimmern beginnt. Wiederhole dies so lange, bis es sich richtig anfühlt.

Probiere von deinem magischen Gesundheitstrunk.

Gliederschmerz und Verletzung besprechen. Der zweite Merseburger Zauberspruch

Der zweite Merseburger Zauberspruch ist ein Spruch, mit dem sich Verletzungen und Schmerzen in Gliedern, Gelenken und Knochen besprechen lassen. Der Spruch besteht aus einer *Geschichte* oder Legende, die von der Anwendung des Spruchs erzählt, und aus dem eigentlichen Spruch. Ich bespreche oder besser besinge mit dem Spruch regelmäßig und erfolgreich sowohl Menschen als auch Tiere. Hier der vollständige Spruch in normalisierter Schreibweise und in der Übersetzung:

Zweiter Merseburger Zauberspruch in althochdeutscher, normalisierter Schreibweise	Wörtliche Übersetzung
Phôl ende Wuodan fuorun zi holza.	*Phol und Wodan ritten in das Gehölz.*
dû wart demo balderes folon	*Da wurde dem Balders-Fohlen*
sîn fuoz birenkit.	*sein Fuß verrenkt.*
Thû biguol en Sinthgunt,	*Da besang ihn Sinthgunt und*
Sunna era swister;	*Sunna ihre Schwester,*
thû biguol en Frîja,	*da besang ihn Frija und*
Folla era swister;	*Volla ihre Schwester,*
thû biguol en Wuodan,	*da besang ihn Wodan,*
sô hê wola conda	*der es wohl verstand:*
sôse bênrenki,	*Sei es Beinverrenkung,*
sôse bluotrenki,	*Sei es Blutverrenkung,*
sôse lidirenki	*Sei es Gliederverrenkung,*
bênzi bêna, bluot zi bluoda,	*Bein zu Bein, Blut zu Blut,*
lid zi geliden,	*Glied zu Gliedern,*
sôse gelîmid	*wie geleimt sollen sie sein!*

Der Merseburger Zauberspruch scheint ein in der damaligen Zeit wohlbekanntes Motiv wiederzugeben, Odin oder Wodan als heilender Besänger. Viele Forscher glauben, dass die Heilung eines verletzten Pferdes durch Wodan/Óðinn u. a. auf verschiedenen Brakteaten (Amulett-Scheiben) von circa 450 n. Chr. bis nach Mitte des 6. Jahrhunderts dargestellt wird. Die Merseburger Zaubersprüche sind so besonders bemerkenswert, weil sie noch einer rein heidnischen, vorchristlichen Tradition entstammen. Rein heidnische Zauber sind leider nicht viele überliefert, die meisten wurden christlich überformt und der *neuen* Religion angepasst, bevor man sie niederschrieb.

Mit dem Merseburger *Pferdesegen* habe ich gute Erfahrungen gemacht. Sowohl bei Menschen als auch bei Tieren. Bei Verletzungen, Verrenkungen, aber auch bei schon längeren chronischen Schmerzen in Schulter oder Rücken. Selbstverständlich ersetzt das Besingen mit diesem Zauber nicht den Besuch bei Arzt oder Ärztin. Wenn du ihn ebenfalls anwenden möchtest, gehe wie folgt vor:

Anleitung:

Lerne den Spruch auswendig – ich benutze für das Besingen ausschließlich den kurzen „Spruchteil" und nicht die Erzählung. Falls dir das Auswendiglernen nicht möglich ist, schreibe dir den Vers auf. Lege ihn dir so zurecht, dass du ihn gut ablesen kannst.

Sammle dich, atme ruhig und konzentriere dich auf deine Absicht. Lass dich von deinem Mitgefühl, deiner Liebe und deinem Willen zu helfen leiten. Ziehe dein Bewusstsein, deine Kraft in deinem Herzen zusammen.

Verbinde dich innerlich mit den Kräften deiner Götter, Geister, Ahnen, mit deiner Fylgja oder auch Wodan/Odhinn selbst. Spüre, wie sich die Kräfte dieser höheren Mächte hinter dir und in dir sammeln.

Lege deine Hände vorsichtig und achtsam auf die schmerzende Stelle oder auf die Verletzung.

Wenn du die Verbindung zum „großen Ganzen" spüren kannst und die Kraft in dir zu steigen beginnt, sprich oder singe den Spruch.

Spüre die ansteigende Welle der Kraft und wie sie bricht. Wie sie überströmt. Spüre, wie mit jedem Wort die Kraft der höheren Mächte durch dich zum zu Besprechenden fließt.

Vielleicht spürst du Hitze oder Druck in dir, lass beides frei durch deine Hände und deine Stimme fließen.

Wiederhole den Vorgang drei Mal.

Blase zum Abschluss drei Mal über die Stelle.

Heraus Wurm – austreibender Zauber – Gesundheit

Die Austreibung von Krankheitsgeistern mit Spruch und Wort ist nahezu auf der ganzen Welt bekannt. Die Krankheit wird dabei meist als geisterhaftes Wesen gedacht. In Nord- und Mitteleuropa hatten Krankheiten in der Vorstellung oft die Gestalt von Würmern oder schlangenhaften Wesen. Auch an den Wurzeln des Weltenbaums sollen Schlangen nagen und ihn schwächen. Solche Krankheitsgeister vertrieb man mit magischen Sprüchen im Befehlston. Einer der ältesten überlieferten Sprüche ist der berühmte altsächsische Wurmsegen, er entstammt etwa dem 9. Jahrhundert. Sprüche, die dem Wurmsegen ähneln, sind u. a. in den indischen Veden überliefert sowie in zahlreichen weiteren magischen Versen, bis in die heutige Zeit hinein.

Der Wurmsegen[28]:

Der altsächsiche Wurmsegen, normalisierte Übertragung	Übersetzung
Gang ut, nesso	*Geh hinaus, Wurm,*
Mid nigun nessiklinon,	*mit neun Würmlein,*
ut fan demo marge an than ben,	*hinaus von dem Mark an den Knochen,*
fan themo bene an that flesg,	*von dem Knochen an das Fleisch,*
ut fan themo flesge an thia hud,	*hinaus von dem Fleisch an die Haut,*
ut fan thera hud an thesa strala!	*hinaus aus der Haut in diesen Pfeil!*
Drothin, uuerthe so!	*Herr, es werde so!*

Du brauchst:

einen Pfeil, einen kleinen Ast, einen Stein, ein Ei

Anleitung:

Verbinde dich mit den höheren Mächten, an die du glaubst. Spüre ihre Kraft in dir aufsteigen. Wenn du dich gut verbunden fühlst, lege den Gegenstand an die Haut der zu besprechenden Person und sprich den Spruch im Befehlston.

Die Aufforderung: „Hinaus aus der Haut in diesen Pfeil" passt du entsprechend an: in dieses Ei, in diesen Ast, in diesen Stein.

Den letzen Satz „Herr, es werde so!" passt du an deine eigene Weltsicht an. Füge hier den Namen deiner geistigen Verbündeten oder deiner Götter ein, mit denen du dich verbunden hast für diese Austreibung. Du kannst auch auf: Es werde so! Oder: SO ist es! verkürzen. Folgte DEINER Intuition.

Die extrahierten Krankheitsgeister im Pfeil (Stein, Ei, Ast) bringst du danach an ein fließendes Gewässer, wirfst sie hinein und sprichst dazu:

Das Meer wird euch nehmen. Zum Guten und Segen.

Denke bei diesem Vers an die transformierenden und heilenden Kräfte des Meeres und des fließenden Wassers.

Einige Beispiele für historische Besprechungen

Knochen-, Glieder- und Muskelleiden

Aus dem 19. Jahrhundert ist die folgende Besprechung überliefert, die für nahezu alle Knochen-, Glieder- und Muskel-Leiden geeignet ist:

Ich bitte dich aus Gottes Kraft
(hier kannst du einsetzen, was dir passender erscheint),
dass du hinausgehst
aus dem Mark ins Bein
aus dem Bein ins Fleisch
aus dem Fleisch in die Haut
aus der Haut ins Haar
aus dem Haar in den wilden Wald,
wo weder Sonne noch Mond hinscheint.[29]

Dieser Spruch ist am dritten Tag nach dem Vollmond, der auf einen Freitag fällt, zu beten und drei Mal aufs kranke Glied zu blasen.

Gegen das Schwinden

Aus den Atharva-Veden[30]*:*

Aus den Knochen und aus dem Mark,
aus den Sehnen und Adern auch
aus den Händen, aus den Fingern,
Nägeln vertreibe ich das Schwinden dir.

Denkbar ist, dass im Anschluss an diesen Vers die Fingernägel geschnitten wurden, um sie zu vergraben oder zu verbrennen.

Gegen Zahnschmerzen und Gicht

Bei zunehmendem Mond zu sprechen:

Sei uns willkommen, helles Licht,
für den Zahn und für die Gicht,
benimm mir alle Würmelein,
die mir verzehren mein Gebein.

Gegen Rheumatismus und Gicht

Stehend bei einer Fichte zu sprechen:

Guten Abend, Fichte,
nimm mir meine Gichte,
Rheumatismus und auch Reißen,
soll aus meinem Körper weichen.

Gegen Warzen und Zysten, bei abnehmendem Mond

Auf die Warze schauen und drei Mal darüberstreichen:

Was ich sehe, das vergehe,
was ich streiche, das erweiche,
Warze, fall ab!

Warze besprechen bei zunehmendem Mond

Blicke hinauf zum Mond, streiche drei Mal kreuzförmig über die Warze und sprich dabei jeweils:

Was ich sehe, das gewinnt,
was ich fühle, das verschwind.
Mit der Kraft von 3 Mal 3!

Anschließend drei Mal kräftig über die Warze pusten.

› *Wegerich – Gesundheit*

Hals- und Hustensirup auf der Basis von Spitzwegerich wird auch heute noch von vielen genutzt oder sogar selbst hergestellt. Mit diesem Spruch kannst du deinen Wegerich-Sirup noch zusätzlich mit Kraft aufladen.

Es ist ein Teil des alten Neun-Kräuter-Segens aus dem 9. Jahrhundert.

Du brauchst:

- Hals- oder Hustensirup auf der Basis von Spitzwegerich

Anleitung:

Sprich dies 3 Mal über dem Glas mit dem Sirup. Und spüre, wie in ihm die Pflanzenkraft erwacht:

Und du, Wegerich, Mutter der Kräuter,
nach Osten geöffnet, mächtig im Innern,
über dir knarrten Wagen,
über dir weinten Frauen,
über dir schrien Bräute,
über dir schnaubten Stiere.
Allem hast du widerstanden und dich widersetzt;
so widerstehe nun Gift und Anfliegendem und
dem Übel, das über das Land fährt.

› *Kastanienzauber – Gesundheit*

Der Kastanie wird in der Volksmagie nachgesagt, dass sie Glück bringt und Schmerzen nimmt. Dazu trägt man 3 Kastanien möglichst nah am Körper, z. B. in der Hosentasche, bei sich.

Du brauchst:

- Kastanien, die du aufheben möchtest

Anleitung:

Bevor man die Kastanien einsteckt, spricht man über sie:

Mit dem Segen der heiligen Drei.
Nehmt meinen Schmerz und bringt Glück herbei.

Puste 3 Mal über die Kastanien und steck sie dann in deine Tasche.

› *Für die Erinnerung – Rosmarin*

Der aromatische Rosmarin ist dafür bekannt das Erinnerungsvermögen zu stärken. Egal ob es darum geht, etwas Verlorenes wiederzufinden, sich an einen Traum oder Seelenflug oder auch ganz allgemein besser zu erinnern.

Du brauchst:

- Frische Rosmarinzweige

Anleitung:

Binde einige frische Rosmarinzweige zu einem kleinen Sträußlein und besinge dieses 3 Mal folgendermaßen:

Rosmarin, ich bitte dich,
hilf, dass ich erinnere mich.
Zum Segen allein,
so soll es sein.

Befestige dieses Sträußlein am Kopfende deines Bettes. Wenn es vollständig getrocknet ist, kannst du es stets verräuchern oder für einen Kerzenzauber nutzen, wenn du dich an etwas erinnern möchtest.

Fruchtbarkeit und Kinderwunsch mit der Eiche

Die Eiche ist seit langer Zeit in Europa als zauberkräftiger Baum bekannt. Sie galt als heiliger Baum vieler Gewitter- und Fruchtbarkeitsgötter. Um die Winter-Sonnenwendzeit verbrannte man vielerorts einen Eichenklotz. Dessen Holzreste sollten vor Gewitter schützen und die Asche wurde auf den Feldern verstreut, um sie fruchtbar zu machen. In diesem Brauch wird die Verbindung der Eiche zu Thor oder Donar als Fruchtbarkeitsgott sichtbar. Eiche war auch ein wichtiger Bestandteil des magischen Neunholzes oder eines Notfeuers. Eine große und kraftvolle Eiche gilt als direkt verbunden mit Himmel und Erde, sie ist ein Vermittler zwischen den Welten.

Die Germanen halten es für unschicklich, die hohen Himmelsmächte hinter Wänden einzuschließen oder in menschlicher Form darzustellen. Haine und Wälder haben sie ihnen geweiht (TACITUS in Germania IX[31]).

› Zur Unterstützung bei Kinderwunsch

Du brauchst:

- Eine kräftige und schöne Eiche

Anleitung:

Schreitet gemeinsam als Paar drei Mal im Sonnenlauf um eine kraftvolle Eiche herum. Dabei sprecht ihr ehrlich und von Herzen über euren Wunsch. Teilt eure Gedanken, Wünsche und Gefühle miteinander und mit dem Baum. Hinterlasst am Baum eine kleine Gabe.

› *Gegen Gicht und Rheuma mit dem Flieder* (*Syringa vulgaris*)

Dem Flieder wird in der Volksmagie eine ähnliche magnetisch-sympathetische Wirkung nachgesagt wie dem Holunder. Der Flieder kam erst im 16. Jahrhundert nach Mitteleuropa. Beheimatet war er ursprünglich im Gebiet von Zentral-Albanien bis ins nördliche Rumänien. Ende des 16. Jahrhunderts pflanzte man ihn zunächst vermehrt in Frankreich, später in Mitteleuropa. Ursprünglich war der Begriff Flieder **fliothar* (altsächsich), niederländisch *vlêder, vlider* einer der Namen des Holunders (*Sambucus nigra*). Nach der Einführung des Syringa im deutschsprachigen Raum nannte man diesen zunächst Syringa oder auch *spanischen, welschen oder türkischen Flieder.* Mit Flieder (ohne Zusatz) meinte man dagegen lange Zeit immer noch den Holunder. Erst etwa im 18. Jahrhundert begann man den Syringa nur noch Flieder bzw. Gemeinen Flieder zu nennen. Heute kennen viele in Norddeutschland noch die Bezeichnung *Flieder* oder *Flieder-Beere* als Bezeichnung für den Holunder. Manchmal führt dies zu Verwechslungen bei älteren Rezepten zwischen dem Syringa-Flieder und dem Holunder-Flieder. In der Pflanzenheilkunde und von den Inhaltsstoffen sind die beiden Pflanzen vollkommen verschieden. Dennoch ist auch für den Flieder (*Syringa vulgaris*) volksmagisches Brauchtum überliefert. Alternativ kann er mit dem Holunder ausgeführt werden.

Du brauchst:

· Einen Fliederbusch

Anleitung:

Gehe drei Tage nacheinander morgens vor Sonnenaufgang und bevor du ein Wort gesprochen hast, zu einem Fliederstrauch. Umfasse ihn und sprich:

Flieder, ich hab die Gicht und du hast sie nicht.
Nimm sie mir ab, sodass ich sie auch nicht hab.
Ich bitte dich im Namen der heiligen Drei.

› *Gesundheit, Schutz vor Krankheit mit der Schafgarbe*

Der Schafgarbe werden viele heilende und magische Kräfte zugeschrieben. Sie gilt als generell abwehrend gegen bösen Zauber. Schon ihr Name Schafgarbe zeichnet sie als Heilkraut aus. Die Endung *-garbe* kommt vom Althochdeutschen – *garwe – Gesundmacher*. Als Gesundmacher-Kraut war die Schafgarbe vielerorts ein Bestandteil der Kräuterbuschen sowie der Magie der Türkränze und anderer Schwellenzauber. Ein Kranz aus Schafgarbe soll laut Überlieferung die Bewohner des Hauses vor der Pest und anderen Krankheiten schützen.

Du brauchst:

· Schafgarbe

Anleitung

Verwende Schafgarbe als Bestandteil deines Türkranzes oder häng einen Kranz aus Schafgarbe im Haus auf. Sammle das blühende Kraut bei aufsteigender Sonne am Vormittag, nachdem der Tau schon getrocknet ist, aber bevor die Sonne am höchsten steht.

Sprich oder sing über dem Kraut, bevor und während du es zum Kranz bindest:

Schafgarbe – Gesundmachkraut,
Heilkraft wohnt in diesem Haus.
Alles gut behütet ist,
weil du an unserer Seite bist.
So sei es, so ist es und wird es stets sein!

› *Ein Trank für Gesundheit und Segen*

Du brauchst:

- Holunderbeerensaft
- Apfelsaft
- Etwas Honig
- Einen Topf zum Erhitzen

Anleitung:

Gib nacheinander die Säfte in den Topf. Verbinde dich innerlich mit den Kräften, an die du glaubst. Spüre ihre Kraft in dir ansteigen. Wenn du bereit bist, sprich oder sing über dem sich langsam erhitzenden Saft:

Apfel, erinnere dich, du bist Hilfe, Gesundheit und Licht.
Erinnere dich, Holler, voller Kraft, Heilung liegt in deiner Macht.
Ich bitte euch, erfüllt den Trunk, dass wer ihn trinkt, auch wird gesund.
Mit dem Segen der heiligen Drei singe ich Gesundheit herbei.

Gib nun Honig nach Geschmack dazu und töne/singe/flüstere mehrfach **Laukar** *(vergleiche Seite 174), während du den Topf rührst. Nicht aufkochen lassen, nur erhitzen.*

Energie folgt der Aufmerksamkeit. Je mehr Energie du hineinsingst oder -sprichst, umso wirksamer wird der Trank.

Liebe

Liebeszauber

Nicht ganz zu Unrecht haben Liebeszauber einen wirklich schlechten Ruf. Viele der traditionellen Liebeszauber sind auf Verführung und Bindung unwilliger Auserwählter angelegt. Diese Art von Liebeszaubern hat nicht viel gemeinsam mit der von mir in diesem Buch vorgestellten Art, Wirklichkeit magisch zum Wohle zu wandeln.

Denn auch mit Liebeszaubern lässt sich hilfreich und heilsam wirken. Zum Beispiel, um die Selbstliebe zu stärken, um bestehende Beziehungen vor Schaden zu bewahren oder um die Chancen auf wahre Liebe und Freundschaft zu erhöhen. Gegen diese Art von Liebeszauber gibt es nicht viel einzuwenden.

Einige Tipps für die magische Arbeit mit der Liebe:

- Da Freitage als Tage der Venus und der Frigga gelten, eignen sie sich besonders gut, um für Liebe, Harmonie und Familie zu wirken.
- Die passenden Farben in der Liebesmagie sind Rosa, Rot, Gelb und Orange.
- Bevor du mit der Liebe wirken willst, wasche deine Hände mit Rosenwasser.

› *Selbstliebe mit der Rose*

Rosen werden häufig als Symbole der Liebe und des Herzens empfunden. Ihr Duft wirkt stimmungsaufhellend, herzöffnend und heilsam. Die Kraft der Rose können wir uns u. a. auch für ein Ritual der Selbstliebe zunutze machen. Nur wenn wir uns selbst bedingungslos lieben, können wir diese Liebe auch anderen entgegenbringen.

Du brauchst:

- Unbehandelte, für den Verzehr geeignete Rosenknospen

Anleitung:

Für diesen Zauber brühst du einen Tee aus Rosenknospen (nimm dafür Rosen, die für den Verzehr geeignet und ungespritzt sind, Rosen aus dem Blumenhandel sind dafür nicht geeignet).

Sprich über den Knospen, bevor du sie in Tasse oder Teekanne gibst:

Rosenblüte voller Kraft,
schenke mir von deiner Macht,
mich selbst zu nehmen, wie ich bin,
mich selbst zu lieben sei mein Gewinn.
Rosenblüte, darum bitte ich dich,
heile mein Herz und segne mich!

Gieße dann das heiße Wasser über die Blüten, atme den Dampf und den Rosenduft dabei tief ein. Spüre, wie der heilende Segen der Rose deinen Herzraum erfüllt.

Setze oder stelle dich vor einen Spiegel, trinke von deinem Rosentee, sieh dir selbst in die Augen. Und sprich voller Gefühl: „Ich liebe dich." Spüre die Liebe, die du dir selbst schickst. Bewerte nichts und lass die Kraft wirken.

› *Selbstliebe – Rosenblüten-Meersalz-Bad*

Für Selbstliebe, Seelenheilung und um Liebe anzuziehen. Das Salz wirkt reinigend, segnend und heilkräftig. Ein Salzbad kann negative Energien, Stress und sogar Schadzauber lösen und fortwaschen. Der Rose sagt man schützende sowie heilende Fähigkeiten nach. Aber auch besondere Kräfte bei Zaubern in Herzensangelegenheiten. Ihr Duft tröstet, beruhigt und hellt die Stimmung auf.

Du brauchst:

- 500 g Totes-Meer-Salz
- Getrocknete Rosenblüten (ungespritzt)
- Ätherisches Rosenöl (in guter Qualität)

Anleitung:

Salz und die getrockneten Rosenblüten mischen. Einige Tropfen ätherisches Öl hinzugeben. Für die Extrapflege kann man auch noch etwas Mandelöl dazutun.

Mische die Zutaten. Das fertige Badesalz wird mit entsprechenden Wünschen und Gebeten besprochen/besungen. Dabei werden Rose und Salz an ihre besonderen Kräfte erinnert. Sprich oder sing z. B.:

Heiliges Salz, erinnere dich,
an deine Kraft zu reinigen, zu heilen und zu segnen.
Rosenblüte, erinnere dich an deine Kraft zu trösten,
das Glück anzuziehen und Heilung zu schenken.
Dieses Bad heilt und stärkt, Körper, Geist und Herz.
So sei es.

Du kannst den Text so abwandeln, dass er zu dir und deiner Absicht passt. Am kraftvollsten sind Worte und Gesänge, die aus dem eigenen Herzen stammen.

Gib das Salz ins Badewasser und genieße ein magisches Bad.

› *Schutz einer bestehenden Beziehung mit Brombeerzweigen*

Die Brombeere gilt in der Volksmagie als wirksames Mittel gegen Schadensmagie und Verzauberung, besonders in Liebesangelegenheiten. Verwende diesen Zauber, um eine Beziehung vor Verwünschung und Zauber von außen zu schützen.

Du brauchst:

- Drei Brombeerzweiglein

Anleitung:

Die Zweige werden zu einem Kranz verflochten. Der Kranz wird über das gemeinsame Bett gehängt oder daruntergelegt.

Sprich oder sing, während du den Kranz bindest, 3 Mal:

Diese Liebe ist geschützt,
vor üblem Wunsch und bösem Blick.
Dieser Zauber hilft dem Glück,
jeden Tag und Stück für Stück.
Denn solange wir uns lieben,
wird diese Hecke uns umfrieden.

Dieser Zauber kann niemanden halten, wenn die Liebe vergangen ist, und auch nicht die Liebe herbeizaubern. Er schützt jedoch vor magischem Wirken und bösen Wünschen von Außenstehenden.

› *Hilfe beim gebrochenen Herzen mit dem Gänseblümchen*

Hilfe bei der Heilung eines gebrochenen Herzens. Das Gänseblümchen mit seiner goldenen Blütenmitte und den weißen Blüten-Blättern ist mit der Kraft des Lichts, der Sonne oder auch mit der Göttin Freya verbunden. Als Tee gilt es als lindernd bei Atemwegserkrankungen, leicht stimmungsaufhellend und klärend für die Haut.

Als Zutat für Zauber wirkt es lindernd auf Herzschmerz, bringt Licht und Fülle, streichelt sanft die Seele.

Du brauchst:

· 5 selbst gesammelte Gänseblümchen-Blüten

Anleitung:

Brühe daraus einen Tee.

Sprich/Sing über dem Tee, sodass dein Atem das Wasser berührt. Wende dich damit innerlich an eine höhere Macht deiner Wahl, für mich wäre das Freya, die Göttin des Zaubers und der Liebe:

Goldene Blüte, vertreib allen Schmerz,
heile die Wunde, bring Licht mir ins Herz.
Den Segen von Freya erbitte ich heut,
für Liebe im Leben,
Gesundheit und Freud.

Trinke den Tee in einer angenehmen und ruhigen Atmosphäre. Du kannst ihn auch als Badezusatz verwenden oder dich unter der Dusche damit waschen (dann etwas länger ziehenlassen).

› *Bernsteinzauber, um einen passenden Partner anzulocken*

In vielen Traditionen sind die Mythen rund um den Bernstein mit romantischer Liebe, Liebesgöttinnen und Ähnlichem verknüpft. Der Bernstein gilt als mit der Göttin Freya verbunden, die oft als Göttin der Liebe gesehen wird. Vollziehe diesen Zauber nur, wenn du dabei keine bestimmte Person im Sinn hast.

Du brauchst:

- Einen Bernstein
- Ein Stück feinen Stoff, das groß genug ist, um ihn darin einzuwickeln

Anleitung:

An einem Donnerstagabend, bei zunehmendem Mond (der noch mindestens 8 Tage anhalten sollte), machst du eine Liste mit Eigenschaften, die dir bei einem Partner wichtig sind. Lege an diesem Abend einen Bernstein auf deinen Nachttisch oder unter dein Kopfkissen.

Am nächsten Morgen, als Erstes, wenn du erwachst, nimmst du den Bernstein in deine linke Hand und hältst ihn an dein Herz. Schließe deine Augen und stell dir vor, wie es wäre, wenn deine wahre Liebe, dein Traumpartner jetzt bei dir wäre. Versuche, es dir so deutlich vorzustellen, wie du nur kannst. Nimm dir so viel Zeit, wie du brauchst. Sprich abschließend ein Gebet an die Göttin Freya (oder wen immer du anbeten möchtest) und bitte um ihren Segen und Unterstützung. Bitte darum, dass der passende Partner in dein Leben kommt und ihr euch erkennt. Küsse den Bernstein und wickle ihn in das Stück Stoff, rolle dabei den Bernstein auf dich zu. Trage ihn die nächsten 7 Tage immer bei dir, auch nachts. Am besten in der Nähe deines Herzens.

Wiederhole an jedem Morgen das Ritual vom ersten Tag und besprich den Bernstein. Am Ende der 7 Tage kannst du den Bernstein als Kette tragen oder in der Tasche. Er ist nun ein kraftvolles magisches Amulett und wird dir helfen, Liebe und Partnerschaft in dein Leben zu ziehen.

Beruf, Finanzen und Wohlstand

› *Wachstum und Wohlstand mit Wildblumensamen*

Für Gute Ernte und Frieden

Du brauchst:

- Einige Samen einer Wildblumen-Mischung deiner Wahl

Idealer Zeitpunkt:

- Bei zunehmendem Mond bis zum Vollmond im Frühling, ab der Tag-und-Nachtgleiche.

Anleitung:

Nimm die Samen lose oder im Tütchen in deine Hände. Setze dich ruhig hin, atme einige Mal tief ein und aus, bis du ganz entspannt bist. Verbinde dich mit den guten Kräften des Universums, an die du glaubst.

Atme ein und sprich hörbar: Für Gute Ernte

Atme aus und sprich hörbar: und Frieden.

Wiederhole dies einige Male – bis du Gute Ernte und Frieden ganz verinnerlicht hast.

Gute Ernte meint nicht nur die Äpfel am Baum oder das Getreide auf dem Feld, sondern dass die Dinge sich gut entwickeln, dass die Mühen sich lohnen mögen. Frieden meint inneren und äußeren Frieden. In Haus und Familie, aber auch in der Welt um uns herum. In diesem rituellen Spruch drückt sich der Wunsch nach Frieden, Weisheit und Wandel zum Wohle aus.

Konzentriere dich, während du atmest und sprichst, auf die Dinge, die du in dieser Welt zum Erblühen bringen möchtest. Sieh vor deinem inneren Auge, wie sie wachsen und gedeihen. Wenn das Gefühl dafür in dir stark geworden ist, es sich vielleicht anfühlt wie eine goldene Welle aus Energie, die angestiegen ist und kurz davor ist zu brechen, dann sprich 3 Mal direkt auf die Samen, sodass dein Atem sie streift: Für Gute Ernte und Frieden!

Sieh, wie dabei die Welle aus schimmernder Energie, von dir auf die Samen übergeht, sie umhüllt und erfüllt. Pflanze nun die Samen in einen kleinen Topf bei dir zu Hause oder verstreu sie im Garten und an Wegrändern. So wie diese Samen aufgehen, wachsen und erblühen, so werden auch Gute Ernte und Frieden in deinem Leben erblühen.

› *Wohlstand und Glück im Beruf und innerer Reichtum mit der Goldrute*

Der Goldrute sagt man aufgrund ihrer gold-gelben Farbe und wegen ihres Namens eine Verbindung zu Gold, Wohlstand und Glück nach. Bei der Suche nach verborgenen Schätzen soll sie sich besonders gut als Wünschelrute eignen. Aus diesem Grund kann die Goldrute auch in der Alltagsmagie darin unterstützen Glück und Schätze (im Innen wie im Außen) zu finden.

Du brauchst:

- Frische oder getrocknete Goldrute

Anleitung:

Lege oder binde einen kleinen Kranz aus frischer oder getrockneter Goldrute. Stelle auf einem feuerfesten Teller eine gelbe oder orange Kerze in die Mitte, umgib sie mit dem Goldrutenkranz.

Singe oder sprich über beidem, bevor du die Kerze entzündest:

Wünschelrute, weise mir,
Wege zu Glück und Gold.
Lass mich finden den richtigen Pfad,
auf dem das Glück mir hold.
Mit dem Segen der heiligen Drei,
soll es so sein!

Lass die Kerze vollständig niederbrennen. Die Kerze darf nicht unbeaufsichtigt brennen, denn Kerzenzauber mit Kräutern können auch in Brand geraten. Sei achtsam damit. Wenn der Kranz nicht mit abbrennt, kannst du ihn an Tür oder Fenster hängen oder auch erneut für den selben Zauber verwenden.

› *Für gute Geschäfte mit dem Orangenöl*

Oft sind es besonders die kleinen Zauber, die das Leben erleichtern, z. B. Orangenöl für gute Geschäfte.

Du brauchst:

- Ätherisches Orangenöl

Anleitungen

Salbe eine gelbe oder orange Kerze mit Orangenöl und lass sie in deinen Geschäftsräumen abbrennen.

Reinige deine Büro- oder Geschäftsräume wie immer. Fülle dann deinen Wischeimer erneut mit frischem Wasser. Gib einige Tropfen Orangenöl hinein. Wische nun nochmals den Raum aus, allerdings von der Eingangstür hinein in Geschäft oder Büro. Dies soll Kunden und gute Geschäfte anziehen.

Vor Verhandlungen und schwierigen Gesprächen wischst du den Konferenz-Tisch mit etwas Orangenöl ab. Dies soll die Stimmung heben.

Sei aber vorsichtig mit der Dosierung, der Duft soll nur ganz leicht sein und kaum bewusst wahrnehmbar.

› *Wohlstandszauber im Frühling mit dem Kuckuck*

Du brauchst:

- Ein bisschen Klimpergeld

Im Frühling ist die Zeit, in der man den Kuckuck zum ersten Mal im Jahr rufen hören kann. Der erste Kuckucksruf verkündet den Beginn des Sommerhalbjahres und wurde früher allgemein als glückliches Zeichen gedeutet. Wer den Kuckuck zum ersten Mal im Jahr rufen hört, der sollte auf seine Börse oder etwas Geld klopfen. Es heißt, dass einem dann das Geld das gesamte Jahr über nicht mehr ausgeht. Dasselbe gilt, wenn man etwas Brot bei sich trägt und darauf klopft.

Es lohnt sich also zu dieser Zeit im Jahr immer einen kleinen Zauberbeutel bei sich zu tragen, mit einer Münze und einem Stück getrocknetem Brot. So kann man darauf klopfen, wenn man den glücksverheißenden Ruf des Kuckucks hört.

› *Pech in finanziellen Dingen abwaschen mit Hilfe der Kamille*

Der Kamille wird nachgesagt, dass sie Glück bringt und nahezu alle Leiden lindern kann. Aufgrund ihrer gelb-goldenen Farbe hat sie eine Verbindung zur Göttin Freya, zur Sonne, zur Fülle, zu Gold und damit auch zum Wohlstand. Darum heißt es von der Kamille, dass sie Pech oder gar Verwünschungen und Flüche lösen kann. Insbesondere solche, die sich auf Wohlstand und Finanzen auswirken. Wenn du den Eindruck hast, dass du in finanziellen Dingen regelrecht vom Pech verfolgt wirst, dann kann ein magisches Reinigungsritual mit Kamille helfen. Du kannst dies an mehreren aufeinanderfolgenden Tagen wiederholen.

Du brauchst:

- Eine große Schüssel
- Wasser
- Ein Gefäß zum Aufbrühen von Tee
- Ein Sieb
- Kamillenblüten

Die richtige Uhrzeit:

- Am frühen Morgen, vor dem Bekleiden für den Tag

Anleitung:

Nimm die Kamillenblüten in die Hand und besprich oder besing sie drei Mal:

Kamille – erinnere dich – du hast die Kraft allen Schaden, Missgunst und Verlust von mir abzuwaschen und Glück und Fülle in mein Leben zu bringen. Gib deine Kraft hinein in diesen Zauber (in dieses Ritual) und hilf mir.

Brühe dann einen kräftigen Tee mit den Blüten auf. Wenn du einen Kupfertopf oder einen emaillierten Topf hast, dann kannst du den Sud auch im Topf ein Mal aufwallen lassen.

Lass den Tee so lange ziehen, bis du einen kräftigen Kamillentee hast. Erinnere die Kamille währenddessen ruhig noch öfter an ihre Kraft.

Gieße den Tee durch ein Sieb in deine Schüssel. Mische etwas kaltes Wasser mit dem Tee in der Schüssel, bis dir die Temperatur angenehm ist. Bring nun dein Gesicht ganz nah an das Kamillenwasser und sprich oder sing drei Mal einen segnenden Spruch oder ein Gebet über der Flüssigkeit. Dies kann zum Beispiel der „Friedensruf der Morrigan" (siehe Seite 249) sein oder auch etwas anderes, das für dich Frieden, Gute Ernte und Fülle bedeutet.

Wasche dich jetzt 3 Mal mit dem Kamillenwasser und sprich dabei die folgenden Worte:

Mit gesegnetem Wasser
Und der Kamille Kraft
Wasche ich ab von mir
Den Hass und die Gier
Den Zorn und die Angst
Und allen Schmutz

(Visualisiere dabei, wie alles Negative von dir abfällt)

Im Anschluss an die Reinigung sprichst du:

Mit dem Segen von XXX[32]
Umgibt mich leuchtender Schutz.
Über mir, unter mir und um mich.
Mögen alle mit freundlichen Augen auf mich sehen
Möge Gutes auf meinen Wegen sein.

Die Reihenfolge in Kürze:

Kamille besprechen und an ihre Kraft erinnern.
Kamillen-Aufguss zubereiten.
Sprechen des Segens über dem Aufguss.
Mit dem Aufguss waschen.
Den abschließenden Segen aussprechen.

Dieses Ritual ist inspiriert von rituellen, magischen Waschungen, wie sie in den isländischen Zauberhandschriften des 15. und 16. Jahrhunderts überliefert sind.

› *Für Wohlstand und gute Geschäfte mit Quendel*

Der aromatische wilde Thymian oder Quendel gilt als Träger von Lebenskraft und Wachstum. Er findet auch in der Kräutermedizin häufige Anwendung. Er hat außerdem den Ruf, Unheil abzuwehren sowie Wohlstand und gute Geschäfte zu stärken.

Magisch unterstützt er geschäftliches und finanzielles Wachstum ganz simpel, indem man ein Sträußchen des Quendels aufhängt oder bei sich trägt.

Du brauchst:

- Frischen oder getrockneten Quendel

Anleitung:

Nimm frisches oder getrocknetes Kraut vom Thymian oder wildem Quendel. Besprich/Besing es folgendermaßen:

Quendel Quandel Wandel
Bring mir guten Handel
Verhilf mir zu Wohlstand und Sicherheit
Zu guten Geschäften für alle Zeit.

Braue aus dem Kraut einen starken Tee, wisch damit unter Aufsagen oder Gesang des Spruchs deine Türschwelle ab und füge den Rest des Tees dem Wischwasser hinzu. Wisch mit einem neuen Tuch den Boden, von der Tür weg, hinein in die Räume, um Wohlstand oder neue Kunden einzuladen.

Zukünftig kannst du die Kraft erneuern und stärken, wenn du an Donnerstagen etwas Quendel räucherst.

› *Kerzenzauber für eine neue Arbeitsstelle bzw. für neue berufliche Chancen*

Du brauchst:

- Eine orange Kerze
- etwa 1 EL Olivenöl
- einen feuerfesten Teller für die Kerze
- Wachsplättchen, um die Kerze auf dem Teller zu befestigen
- Ätherische Öle: Orangenöl, Lavendelöl, Bergamotteöl
- Kräuter getrocknet: Quendel, Kamillenblüten, Löwenzahnblüten, -samen oder -wurzel
- 5 Münzen (Kupfer oder Silber) oder Geldscheine (Vorsicht, dass diese nicht verbrennen)

Die richtige Zeit:

- (je nachdem mit welchen Kräften – Sonne, Mond, Meer du bevorzugt arbeitest)
- Zur Zeit des zunehmenden Mondes
- Vormittags während der aufsteigenden Sonne
- Bei einlaufender Flut

Anleitung:

Reinige die Kerze und die Münzen/Scheine mit Blütenwasser, Rauch, Salzwasser, Gesang oder Ähnlichem. Wähle deine Lieblingsmethode.

Besprich oder besing das Olivenöl:

Olivenöl – erinnere dich, du hast die Kraft zu segnen und zu schützen. Erfülle diesen Zauber mit deiner Kraft. Segne und beschütze meine Suche nach xxx.

Mische das Olivenöl mit den ätherischen Ölen am besten auf einem Unterteller, in einem kleinen Schnapsglas oder Ähnlichem.

Besprich oder besing jedes der Öle, mit dem, was du von ihm wünschst:

Orange – erinnere dich! Du ziehst Glück, Erfolg und gute Geschäfte an. Du eröffnest neue Möglichkeiten. Erinnere dich und gib deine Kraft hinein in diesen Zauber.

Lavendel – erinnere dich! Du hast die Kraft, Zusammenarbeit, Unterstützung und Schutz zu fördern. Gib deine Kraft hinein in diesen Zauber.

Bergamotte – erinnere dich! Du hast die Kraft, die Wege freizuhalten, zu neuen Ideen zu inspirieren, Erfolg zu bringen. Gib deine Kraft hinein in diesen Zauber.

Besprich oder besing nun auch die gesamte Ölmischung:

Dieses Öl zieht nun XXX in mein Leben. Ich werde neue Möglichkeiten erhalten. Erfolg haben und XXX. So sei es – für Gute Ernte und Frieden!

Nimm von jedem der oben genannten getrockneten Kräuter eine kleine Menge in die Hand und besprich oder besing sie z. B. so:

Quendel – erinnere dich! Du hast die Kraft, Erfolg und Glück im Beruf (Geschäft) zu bringen. Erinnere dich und gib diese Kraft hinein in den Zauber.

Kamille – erinnere dich! Du hast die Kraft, Glück und Schutz anzuziehen. Du vertreibst alles Unglück. Erinnere dich an diese Kraft und gib sie hinein in den Zauber.

Löwenzahn – erinnere dich – du hast die Kraft, Mut zu schenken und neue Wege zu öffnen. Erinnere dich an diese Kraft und gib sie hinein in den Zauber.

Natürlich kannst du auch deine eigenen Worte verwenden.

Zerstoße die Kräuter in einem Mörser zu feinem Pulver. Während du sie zerstößt, solltest du sie fortwährend besprechen oder besingen. Du kannst zusätzlich sanft auf sie pusten, um eine Verbindung zu ihnen herzustellen.

Ritze nun deinen Namen in die Kerze von unten nach oben. Wenn du dich mit Runen etwas auskennst, kannst du auch noch eine JERA-Rune in die Kerze ritzen. Ritze ebenfalls in die Kerze, was du anziehen willst: einen neuen Job, Erfolg, neue Möglichkeiten.

Nun rötest du die Ritzungen mit etwas rotem Ocker, einem Tropfen deines Blutes oder auch etwas Spucke. Dadurch stärkst du die Verbindung und belebst deine Wünsche. Besprich die Kerze die ganze Zeit mit passenden Segenssprüchen. Reibe dein magisches Öl auf die Kerze und besprich sie dabei erneut. Achte darauf, dass du das Öl von unten nach oben auf die Kerze aufträgst. Wenn die Kerze gut eingeölt ist, dann wälze sie in dem Kräuterpulver, bis sie vollständig damit bestäubt ist.

Bringe sie jetzt mit den Wachsplättchen auf dem Teller an. Nimm nun die 5 Münzen oder Scheine, öle sie mit deinem Öl etwas ein. Bei den Scheinen reichen einige Tropfen in die Ecken. Besprich die Münzen:

Ihr habt die Kraft, Glück, Wohlstand und Erfolg anzuziehen. Erinnert euch an diese Kraft und gebt sie hinein in diesen Zauber!

Lege die 5 Münzen um die Kerze herum. Sprich nun nochmals 5 Mal aus, was du manifestieren willst.

Ende mit Für Frieden und Gute Ernte – So sei es!

Zünde die Kerze an und lass sie unter Beobachtung abbrennen. Durch die vielen Kräuter solltest du die Kerze auf keinen Fall alleine oder auf einer brennbaren Unterlage brennen lassen. Falls die Kerze zwischendrin gelöscht werden muss, verwende dafür deine Finger oder einen Kerzenlöscher. Nicht auspusten! Wenn du sie erneut anzündest, achte wieder auf die richtige Uhrzeit.

Die Münzen oder Scheine kannst du nach Abschluss des Zaubers in dein Portemonnaie geben und auch ausgeben, dies bringt besonders viel Glück.

Statt der Münzen kannst du auch geeignete andere Pflanzen um die Kerze legen. Goldrute für Wohlstand, Apfel für Fruchtbarkeit, Eberesche für Glück usw.

Zauber für schwierige Zeiten

Das Lösen von Fesseln mit dem ersten Merseburger Zauberspruch

Der erste Merseburger Zauberspruch *Entkommen aus den Fesseln/aus Feindeshand* (ca. 9. Jh.)

TEXT	AUSSPRACHE	ÜBERSETZUNG
Eiris sâzun idisi, sâzun hêra duoder. suma hapt heptidun	Eris sazun Idisi, sazun hera du-o-der. Suma Haft heftidun,	Einstmals setzten sich Idisen, setzten sich hierhin und dorthin.
suma heri lezidun.	suma Heeri lezidun.	Einige hefteten Hafte (fesselten die Feinde),
Suma clûbôdun, umbi cuoniouuidi: Insprinc haptbandun, inuar uîgandun!	Suma klubodun, umbi Kwoniowidi: Insprink Haftbandun, infahr Wigandun!	Andere hemmten das (feindliche) Heer, Andere nesteln an festen Fesseln (befreien die Gefangenen). Entspring den Banden, entweich den Feinden!

Die Idisen sind Göttinnen, Ahnfrauen oder Halbgöttinnen, vielleicht verwandt mit den Matronen (Muttergottheiten), die von den Menschen um Hilfe und Unterstützung angerufen wurden. Vermutlich ähneln sie oder sind sogar gleich den nordischen Disen.

Vergleichbar sind hierzu auch Zauberlieder, die in der poetischen Edda genannt werden, z. B. im Vers 10 aus dem Groagaldr, dem Zauberlied der Groa. Der Held Swipdag beschwört in diesem seine Mutter, die Völva

(Zauberin) Groa, aus dem Grab. Er bittet um Hilfe bei einer schwierigen, fast unerfüllbaren Aufgabe. Die Völva singt daraufhin mehrere Zauberlieder zur Unterstützung ihres Sohnes.

Unter anderem eines zum Lösen von Fesseln:

> *Den sing ich dir zum fünften,*
> *wenn dir eine Fessel*
> *um die Glieder gelegt wird,*
> *Lösezauber werde ich dir über die Schenkel sprechen,*
> *so springt das Band von den Gliedern.*

In einem anderen Text in der Edda, im Havamal, den Sprüchen des Hohen, spricht Odin über einen ganz ähnlichen Lösezauber.

> *Einen Vierten kenn ich,*
> *wenn mir Männer Fesseln an die Glieder legen:*
> *Dann sing ich, dass ich gehen kann,*
> *von den Füßen springt mir die Fessel, von den Händen das Band.*

Es scheint daher, dass Sprüche zum Lösen von Fesseln im nordisch-germanischen Raum allgemein verbreitet gewesen sind. Die Literaturwissenschaft geht meist davon aus, dass es sich hier um Zauber handelt, die ganz reale Fesseln lösen sollen. In der magischen Praxis habe ich jedoch festgestellt, dass sich diese Sprüche auch eignen, um Fesseln im eher übertragenen Sinn zu lösen. Mit dem ersten Merseburger Zauberspruch lassen sich unerwünschte Bande und Verknüpfungen loswerden. Er lässt sich gut mit dem sog. *Cordcutting* verbinden, d. h. mit dem Durchtrennen unguter Verbindungen, wie zum Beispiel zum Ex-Partner sowie zum Lösen von Seelenverträgen und Ähnlichem.

› *Um Fesseln zu lösen, seien es echte Fesseln oder solche im übertragenen Sinne.*

Du brauchst:

- Nur dich selbst

Anleitung

Um Fesseln zu lösen, seien es echte Fesseln oder solche im übertragenen Sinne, singe den Spruch im Original oder in der Übersetzung. Wende dich dabei innerlich den mächtigen Ahnfrauen und Matronen zu, den Zauberinnen und Göttinnen der alten Zeit und bitte sie um Segen und Hilfe.

Wenn du den Spruch für jemand anderen singst, sing ihn der Person in beide Ohren, über beide Hände, den Kopf, beide Füße, den Bauch und über dem Herzen – also insgesamt neun Mal.

Singst du den Spruch für dich selbst – singe ihn neun Mal und imaginiere dabei deutlich, wie sich alle Bande, die dir schädlich sind und dich blockieren, von dir lösen und du frei bist.

› Lavendel – Heilung nach einem Streit

Der Lavendel gehört zu den schützenden und das Unheil abwehrenden Pflanzen. Er soll vor schlechtem Zauber schützen, vor dem bösen Blick und dem Beschreien. Darüber hinaus kann er helfen, Streit beizulegen und dadurch entstandene Verletzungen und Kränkungen zu heilen.

Du brauchst:

- Eine feuerfeste Unterlage
- Eine Kerze (weiß oder hellblau)
- Lavendelblüten, frisch oder getrocknet

Anleitung

Streue oder lege einen Kreis aus Lavendelblüten um eine weiße oder hellblaue Kerze. Wenn du es hast, kannst du die Kerze mit Lavendelöl einreiben und die Kerze selbst auch etwas mit Lavendel bestreuen. Konzentriere dich während deines Tuns darauf, den Streit beizulegen und dabei entstandene Wunden zu heilen.

Sprich, während die Kerze brennt:

Frieden im Innen
Wie auch im Außen
Wende zum Wohle
Und Wandel zum Glück
Dass alle Herzen jetzt Heilung finden
und Wege zum Frieden zurück.
Für Gute Ernte und Frieden

› *Sonnenzauber für Licht in dunklen Zeiten mit Johanniskraut*

Ein Kerzenzauber, um in dunklen Momenten etwas Licht und Sonnenkraft als Stärkung und Schutz in die Seele zu ziehen.

Johanniskraut ist ein Kraut der Sonne und des Sommers. Es ist ein Träger der Lichtkraft und kann magisch genau dafür verwendet werden.

Du brauchst:

- Eine gelbe Kerze
- Johanniskraut, getrocknet
- Pflanzenöl, am besten Johanniskrautöl
- Einen feuerfesten Kerzenständer

Anleitung

Nimm eine gelbe Kerze. Reinige sie mit Rauch, Blüten- oder Salzwasser.

Reibe sie mit etwas Johanniskrautöl ein. Nimm etwas Johanniskraut und zerstoße es in einem Mörser. Rolle die Kerze durch das Pulver, sodass sie komplett damit bedeckt ist.

Besprich nun die Kerze mehrfach mit folgendem Spruch oder auch mit deinen eigenen Worten:

Johanniskraut, erinnere dich,
Schutz gibst du mit, Kraft und Licht.
Leuchtende Kerze, erhell mir die Nacht.
Denn in dir wohnt der Sonne Macht.
Sunna, Sonne, Mutter der Sterne,
du bringst in meine Seele Wärme.
Mit dem Segen der heiligen Drei
Licht, Schutz und Kraft in mir und um mich sei.

Fertige die Kerze am besten, wenn die Sonne mittags am Himmel steht. Stell dir vor, wie sie erfüllt ist von der Kraft der Sonne. Anzünden kannst du sie jederzeit.

Lass sie nicht unbeaufsichtigt brennen*. Mit Ölen und Kräutern bearbeitete Pflanzen können heißer und schneller abbrennen, als du es gewöhnt bist, darum achte auf eine feuerfeste Unterlage.*

› *Unterstützung bei Krisen und Prüfungen mit dem Granat*

Der rote Granat findet schon mindestens seit der europäischen Bronzezeit Verwendung. Im Mittelalter sagte man dem Granat allerlei heilsame und zauberische Kräfte nach.

Insbesondere galt er als Stein, der Licht in die Seele bringt und das Dunkle zu erleuchten vermag. Man sagt, er schenkt Hoffnung und unterstützt bei Prüfungen und schweren Aufgaben. Er gilt als idealer Krisenbegleiter.

WICHTIG: Achte darauf, dass der Stein aus einer nachhaltigen Quelle stammt. Ganz besonders wenn du seine magisch-seelischen Kräfte nutzen willst, solltest du hier sehr achtsam sein.

Du brauchst:

- Einen Granat als Rohstein oder als Schmuckstück.

Anleitung

Wenn du die magische Kraft des Granats nutzen willst, dann sprich ihn vor dem Tragen oder Auflegen direkt an, z. B.:

Leuchtender Granat,
ich bitte dich,
schenke Mut, Kraft und Licht.

› *Sorgen und Ängste transformieren mit dem Holunder*

Der Holunderbaum oder Hollerbusch ist schon lange bekannt und geliebt für die ihm nachgesagte Verbindung zur Anderswelt. Viele alte Häuser haben einen Haus-Holunder als Beschützer und Hüter für Hof, Haus und Hausbewohner. Der Holunder gilt dabei u. a. als Eingang in die jenseitigen Anderswelten. Er hält Verbindung zu den Landgeistern, den Ahnen und auch zur Göttin Holle. Es gibt sehr viele unterschiedliche Zauber und Sitten rund um den magischen Holler. Wenn dich eine große Sorge quält und du dich dadurch kaum noch konzentrieren oder schlafen kannst, dann probiere es mal mit diesem Zauber.

Du brauchst:

- Einen Holunderbusch
- Ein Blatt Papier
- Eine Gabe für den Holunder, typischerweise eine kleine Menge Milch, Bier oder Brot

Anleitung

Schreibe, was auch immer es ist, das dich quält, auf ein Blatt Papier. Gehe mit dem Papier zu einem Holunder und vergrabe es mit einem kurzen Gebet von Herzen und dem Wunsch, dass es sich zum Wohle wandeln möge, zu seinen Wurzeln. Hinterlasse eine kleine Gabe.

› *Frieden und Versöhnung mit Pfefferminze*

In der Volksmagie heißt es, der frische Duft der Pfefferminze reinigt die Atmosphäre und beruhigt bei Streit, Eifersucht oder schlechten Gefühlen. Sie macht den Kopf frei und vertreibt negative Gedanken oder Gefühle.

Du brauchst:

- Etwas Pfefferminze für einen Tee, getrocknet oder frisch

Anleitung

Die Frieden schenkende Kraft der Pfefferminze lässt sich ausgezeichnet als Tee nutzen, den man bei aufgeladener Atmosphäre den Streithähnen serviert oder auch selbst trinkt, wenn man aufgebracht ist. Besonders gut wirken kann die Pfefferminze ihren Zauber, wenn du das Getränk bei der Herstellung segnend besprichst oder besingst.

Verwende eigene von Herzen kommende Worte oder auch diesen Segen hier:

Ein Becher ganz voll, mit Frieden gefüllt.
Kraft uns allen.
Geheiltes Herz.
Und Frieden im Hier.

Du magst gar keinen Pfefferminztee? Das macht nichts – ihre klärende und Frieden stiftende Kraft kann die Pfefferminze auch als Räucherung entfalten. Dazu einfach einige getrocknete Blätter der Pfefferminze auf Kohle oder auf dem Räucherstövchen verglühen lassen. Auch nicht das Richtige? Dann nutze Pfefferminztee als Zusatz im Wischwasser, auch das reinigt die Atmosphäre und stärkt die Kommunikation.

› *Neunholzkerze – um die Not zu wenden*

Dieser Kerzenzauber basiert auf dem sehr alten Brauch des Neunholz-Feuers. Dieses hat in Europa eine lange Tradition als volksmagischer Zauber für Transformation und Wandel in besonders schwierigen Zeiten. Es galt als wirkmächtiges Mittel gegen alle möglichen Leiden, gegen magische Flüche und viele körperliche Gebrechen.

Dies ist also der richtige Zauber, wenn man eine echte und kraftvolle Wende benötigt. Wähle die Hölzer nach deiner Intuition. Ich nehme gerne Holz aus meiner direkten Umgebung. Apfel, Eiche, Esche, Hasel, Weißdorn, Birke, Eibe oder Linde gelten als typische Zutaten. Historisch war die Wahl der richtigen neun Hölzer regional sehr unterschiedlich. In manchen Gegenden durfte nur das Holz von Laubbäumen Bestandteil eines Neunholzes sein, in wieder anderen galten Weide oder Holunder als schlechte Wahl. Folge daher deiner eigenen Intuition. Das Holz sollte auf jeden Fall selbst gesammelt sein.

Du brauchst:

- Eine Kerze
- Eine feuerfeste Unterlage
- Kleine Holzspäne von neun verschiedenen Hölzern
- Etwas Pflanzenöl

Anleitung

Reinige die Kerze und besprich sie mit einem Segen. Öle sie mit einem Segensöl oder besprich etwas Olivenöl mit einem Segen. Öle die Kerze damit von unten Richtung Docht ein. Wälze die Kerze in den Spänen der 9 Hölzer, sodass sie kleben bleiben.

Sprich oder sing über der Kerze aus ganzem Herzen:

Not, Not wende sich. (1 Mal)
Glück und Gutes finden mich. (3 Mal)
Gesundheit, Kraft und Segen, (3 Mal)
auf allen meinen Wegen. (3 Mal)

Befestige die Kerze auf einer feuerfesten Unterlage. Entzünde die Kerze. Besinge sie ruhig noch einige Male, während sie brennt. Lass sie vollständig herunterbrennen.

Durch die Holzspäne kann die Kerzenflamme recht groß werden und schnell abbrennen, **lass die Kerze daher nicht alleine** *und achte darauf, dass nichts Brennbares in ihrer Nähe ist. Ein starkes Abbrennen der Kerze, mit großer Flamme, gilt als gutes Zeichen.*

› *Freude und Frieden im Herzen mit dem Mädesüß*

Mädesüß ist vor allem wegen seiner Wirkung als leichtes Schmerzmittel bekannt, denn es enthält Salicylsäure, den Wirkstoff im Aspirin.

Aufgrund seines wunderbaren, aromatischen Duftes war Mädesüß lange Zeit eine beliebte Zutat in Süßspeisen, aber auch als Gewürz in Met und Bier. Man hat es gerne als *Streukraut* über die Böden verteilt. Es sollte für eine freudige und friedliche Atmosphäre sorgen. Heute verstreuen wir meist keine Pflanzen mehr auf den Boden. Dennoch kann die Kraft des Mädesüß helfen, die Atmosphäre zu versüßen und die Stimmung zu heben.

Du brauchst:

· Einige Stiele frisches Mädesüß

Anleitung

Stecke ein oder mehr Zweiglein des Mädesüß in den Türkranz oder verteile es dekorativ als kleine Kräuterbündel im Haus.

Sprich oder sing vorher über dem Kraut:

Mädesüß, du Zauberkraut,
bringst Freude ins Herz und Licht ins Haus.
Versüßt die Stimmung, der Frieden kehrt ein.
Du lädst die guten Kräfte ein.
Mit dem Segen der heiligen Drei,
zum Wohle hier gewandelt sei.

Besonders Haus- und Naturgeister mögen meiner Erfahrung nach den Duft des Mädesüß sehr gern.

› *Stärkung der Willenskraft mit der Esche*

Die Esche ist ein aufrecht wachsender, ans Licht strebender Baum. Er gedeiht besonders gut in der Gesellschaft anderer Bäume. Im Zauber kann die Esche diese Aufrichtigkeit, Willensstärke und die Kraft zur Selbstverwirklichung weitergeben. Trage dazu ein Amulett oder einen Talisman aus Eschenholz bei dir.

Du brauchst:

- Ein Stück Eschenholz

Anleitung

Sprich oder sing über dem Holz, bevor du es trägst:

Kraft der Esche, stütze mich,
dem wahren Willen folge ich.
Aufrecht zu mir selber stehen,
so werde ich durchs Leben gehen.

Beim „wahren Willen“ geht es nicht um oberflächliche Begehrlichkeiten und Süchte, sondern darum, zu erkennen, was die Seele in diesem Leben umsetzen will. Die Kraft der Esche kann helfen, sich bewusst auf dieses Ziel auszurichten und es zu verwirklichen. Dieses Amulett hilft, die eigenen Grenzen besser wahrzunehmen.

Du kannst das Holz entweder bohren und um den Hals tragen oder es auch einfach in der Tasche bei dir haben.

› *Lösen einer Blockade und Selbsterkenntnis mit Kiefernzapfen*

Die Kiefer ist ein besonders harzreicher Baum. Kleine Stücke ihres Holzes werden auch Kienspäne genannt. Diese gelten als das älteste Beleuchtungsmittel Europas und waren schon seit der Steinzeit in Gebrauch. Kien im Althochdeutschen bedeutet *Fackel*. Auch die harzreichen Zapfen der Kiefer wurden gerne verbrannt. Sie gelten zudem als Symbol der Erkenntnis und Erleuchtung.

Du brauchst:

- Einen Kiefernzapfen
- Ein kleines Feuer

Anleitung:

Wenn du eine geistige Blockade aktiv lösen willst, nimm einen Kiefernzapfen und sprich/sing über ihn:

Kienapfel, erinnere dich
an deine Kraft, du bringst ans Licht.
Hilf mir, meinen Weg zu gehen,
mich selbst erkennen und verstehen.
Wandel zum Wohle ruf ich herbei,
leuchtend klar, mein Pfad ist frei.
Mit dem Segen der heiligen Drei,
für Gute Ernte und Frieden.
Es sei!

Der Zapfen wird nun verbrannt. Im Ofen oder draußen in einer sicheren Feuerstelle. Beobachte dabei, wie der Zapfen verbrennt, achte darauf, dass etwas von dem Licht des Feuers auch auf deine Stirn fällt. Wiederhole währenddessen noch 2 Mal den Vers. Und sei dir dabei bewusst, das Licht der Flammen wird deinen Geist erhellen. Und deine Blockade wird zerfallen wie der zu Asche verbrannte Zapfen.

› *Ein Leid/einen Schmerz fortschicken und transformieren mit Hilfe der Birke*

Früher war es oft Sitte Krankheiten, Schmerz und Leid zu verschiedenen Bäumen zu bringen und sie darum zu bitten die Krankheit zu nehmen und sie den Göttern, Geistern oder woher das Leid auch kommen mochte, zurückzugeben. In jüngerer Vergangenheit war es verbreiteter die Krankheiten in die Bäume zu *vernageln.*

Mir sind die Sitte von Gabe und Bitte deutlich lieber und sie erscheinen mir auch wirksamer. Traditionell brachte man der Birke Leiden wie: Rheuma, Zahnschmerz, Gicht, Hautkrankheiten, Fieber, Unfruchtbarkeit, Herzschmerz und Ungezieferplagen. Also vieles, was einem das Leben schwer machen kann. Typische Gaben, als Dank waren Gebäck, Eierspeisen oder Milch. Hier bitte nur kleine Mengen hinterlassen und auf Unbedenklichkeit für Tiere und Umwelt achten.

Der Name der Birke geht auf das indoeuropäische Wort _*bherHĝ o_ für *glänzen/schimmern* zurück. In Mythologie und Volkserzählungen ist sie oft verbunden mit verschiedenen Fruchtbarkeits-Göttinnen, wie z. B. Freya oder Frigg. Die winterliche Birke, wenn kein Grün sie schmückt, wird dagegen mit alten Frauen, Hexen und Riesinnen verknüpft. Die Birke steht zwischen den Welten. Sie ist eine Vermittlerin zwischen Leben und Tod, Licht und Schatten, zwischen Ober- und Unterwelt, zwischen Anders- und materieller Welt.

Du brauchst:

· Eine Birke und eine Gabe

Anleitung

Besuche eine Birke am frühen Morgen, bei abnehmendem Mond. Berühre ihren Stamm mit der rechten Hand. Erzähle ihr von dir und deinem Leid. Bitte den Baum und die mit ihm verbundenen Göttinnen um Hilfe und um Transformation. Lass deine Gabe am Baum zurück.

› *Kerzenzauber – für Frieden und Harmonie im Haus*

Du brauchst:

- Blütenwasser, Salzwasser oder eine Räucherung zum Reinigen
- Eine weiße oder blaue Kerze
- Melissenblätter, getrocknet
- Hopfenblüten, getrocknet
- Lavendel, getrocknet
- Eine kleine Menge Honig oder Met
- Einen Teller oder Kerzenständer, auf dem die Kerze abbrennen darf. Keinen Holzteller oder Holzständer verwenden, denn die Kerze sollte möglichst vollständig abbrennen!
- Einen Mörser mit Stößel

Anleitung:

Reinige zunächst dich, deinen Arbeitsplatz und deine Hände mit der von dir bevorzugten Methode. Denke daran: Energie folgt der Aufmerksamkeit! Reinige ebenso alle Geräte, die du bei der Arbeit benötigst: den Teller oder Kerzenständer sowie deinen Mörser und Stößel. Reinige die Kerze ebenfalls.

Während du alles reinigst, bekräftige diese Handlung mit Worten, zum Beispiel:

Kerze, ich reinige dich von allem Schädlichen und
von allen negativen Einflüssen,
auf dass du klar und rein bist und
mein Zauber seine Kraft entfalten kann.

Nimm die getrockneten Kräuter und besprich jedes einzelne, rufe die Pflanzenkraft wach und erinnere sie an ihre Fähigkeiten. Zum Beispiel:

Hopfen, du Machtvolle, erinnere dich,
du hast die Kraft, dieses Haus zu schützen und
allen Bewohnern Frieden zu bringen.
Ich bitte dich, gib deine Kraft hinein in diesen Zauber.

Nutze ruhig deine eigenen Worte, aber erinnere die Pflanze daran, worum du bittest und welche Rolle sie in deinem Zauber spielen soll.

***Melisse**, du Segensreiche,*
erinnere dich an deine heilende Kraft.
Du beruhigst, reinigst, förderst den friedlichen Schlaf und
vertreibst Ängste und Stress.
Ich bitte dich,
gib deine Kraft hinein in diesen Zauber.

***Lavendel**, du Wunderschöne,*
erinnere dich, du kannst Schutz,
Gesundheit und Frieden anziehen.
Ich bitte dich,
gib deine Kraft hinein in diesen Zauber.

Als Nächstes vermischt du die drei Kräuter in deinem Mörser und mahlst sie dort zu einem feinen Pulver. Dies am besten unter weiteren guten Wünschen und während du dich an die höheren Mächte wendest, die dich begleiten. Erbitte auch ihren Segen. Schütte das Pulver auf ein Blatt Papier und breite es etwas aus.

Nun nimmst du ein wenig Honig und sprichst über diesem:

Süßer Honig,
du hast die Kraft Wärme, Geborgenheit
und Schutz zu schenken.
Du versüßt die Sprache und erhellst den Geist.
Bitte unterstütze die Kommunikation und
das Verständnis in diesem Haus/in dieser Familie.

Salbe die Kerze jetzt mit dem süßen Honig und stell dir dabei vor, wie die Kraft und der Segen des Honigs und der mit ihm verbundenen Geistwesen in die Kerze hineinziehen.

Rolle nun die mit Honig gesalbte Kerze durch das Pflanzenpulver, sodass sie von oben bis unten damit bedeckt ist.

Richte dich erneut auf deine Absicht aus und lass diese in dir vibrieren. Spüre Harmonie und Frieden. Lass Frieden, Segen und Harmonie von dir in die Kerze hineinfließen. Du kannst dies auch als blaues oder goldenes Licht visualisieren, das du in die Kerze strömen lässt.

Befestige die Kerze sicher auf ihrem Ständer oder auf dem Teller. Dazu kann man sehr gut sog. Wachs-Klebeplättchen verwenden, die man u. a. im Drogeriemarkt kaufen kann. Verstreue etwas von den Pflanzen rund um den Ständer herum. Natürlich sollten auch diese Pflanzenteile entsprechend bebetet worden sein. Du kannst übriggebliebenes Pulver auch noch zusätzlich verräuchern. Zünde nun die Kerze unter weiteren Segenssprüchen und guten Wünschen an. Wenn du die Kerze nicht ganz herunterbrennen lässt, solltest du sie mit einem Kerzenlöscher löschen, statt sie auszupusten. Ich habe gelernt, dass man mit dem Auspusten die Kraft vertreibt.

Lasse die Kerze NIE unbeaufsichtigt brennen!

Zauber, um hinter die Schleier zu sehen

› *Das Apfel-Orakel*

Der Apfel gilt schon sehr lange u. a. als ein Symbol für Liebe und Fruchtbarkeit. Er ist verbunden mit Göttinnen wie Iðunn, Freya, Aphrodite, Venus und anderen. In der Volksmagie gibt es rund um den Apfel allerlei Glauben und Gebräuche. Das Apfelorakel ist besonders geeignet, um daraus etwas über Herzensangelegenheiten zu lesen.

Du brauchst:

· Einen Apfel und ein Schälmesser

Anleitung

Schäle einen Apfel möglichst in einem Stück. So entsteht ein langer Streifen aus der Schale. Sprich deine Frage oder Sorge, während du den Apfel schälst, und bitte (z. B. eine der mit dem Apfel verbundenen Göttinnen) um Antwort. Wirf die Schale hinter dich. Aus der Form, in der die Schale gefallen ist, deutest du die Antwort. Lass dich beim Deuten von deiner Intuition leiten.

› *Unterstützung beim Orakel durch den Löwenzahn*

Der wunderschöne Löwenzahn wird in der Volksmagie für verschiedene Zwecke verwendet. Er soll Mut verleihen, reinigen und auch für eine klare Sicht beim Orakeln sorgen.

Du brauchst:

- Löwenzahnblüten

Anleitung

Brühe einen kräftigen Tee aus Löwenzahnblüten auf.

Besprich oder besinge den Tee mit folgenden Worten:

Löwenzahn, ich bitte dich,
schenke mir von deinem Licht.
Lass mich klar und mutig sehen,
wohin des Schicksals Wege gehen.

Mit dem Tee kannst du jetzt den Tisch abwischen, an dem du orakelst. Oder du reinigst damit dein Orakel-Werkzeug, wie z. B. Pendel, Kristalle oder Orakelsteine. Du kannst dir von dem Tee auch etwas auf die Hände geben und dann damit deinen Energiekörper reinigen, um besser wahrnehmen und sehen zu können.

Außerdem kannst du den Löwenzahnblütentee auch trinken. Dafür ca. 3 getrocknete Blüten in einen Becher geben. Mit kochendem Wasser aufgießen. Nach fünf Minuten Ziehen kann der Tee getrunken werden. Er schmeckt gut mit einem Spritzer Zitrone oder etwas Honig.

› *Ein Talisman beim Orakeln – der Ammonit*

Die spiraligen, magisch aussehenden Ammoniten wurden in manchen deutschsprachigen Gegenden in der Vergangenheit auch Drachen- oder Schlangensteine genannt. Dies liegt vor allem an ihrer Form, die an eine zusammengerollte Schlange oder einen Drachen erinnert. Ammoniten waren ursprünglich Meeresbewohner, sie starben vor vielen Millionen Jahren aus und hinterließen ihre Schalen, die in der bekannten wunderschönen Form versteinerten. Schon in der Steinzeit wurden diese Fossilien von Menschen gesammelt und vermutlich als Schmuck oder auch als Kultobjekt getragen. Überall auf der Welt gelten Ammoniten als zauberkräftige Steine. Ihre Form, die Spirale, gilt vielerorts als Verbindung zwischen kosmischer Ordnung und unendlichem Potenzial.

In der näheren Vergangenheit galten sie in der Volksmagie als Schutz gegen Verzauberung, vor Rheuma und Blitzschlag. Ammoniten finden sich auch als magischer Schutz, eingemauert in Gebäuden und Wänden.

Ein Ammonit, als Talisman getragen, stärkt die Kraft der Vision und hilft beim Orakeln.

Du brauchst:

- Einen Ammoniten

Anleitung

Reinige deinen Ammoniten, z. B. mit dem Rauch von Beifuß, Löwenzahnwurzel oder einem anderen, geeigneten Räucherwerk.

Sprich oder sing über dem Ammoniten 3 Mal:

Wellenzauber, Drachenkraft, durch die Zeiten hergebracht.
Ich kann durch die Schleier sehen,
wenn du mir hilfst Wyrd zu verstehen.
Klare Bilder, klarer Blick
Durch die Nebel … und zurück.

› *Herz und Seele öffnen, um den wahren Willen zu erkennen mit der Schlüsselblume*

Die Schlüsselblume ist eine wunderbare Pflanzenverbündete und leider vielerorts selten gewordene Wildpflanze. Schlüsselblumen bringen Sonne ins Herz. Sie schließen das Herz und den Geist auf für das wiederkehrende Licht. Sie sollen verschlossene und geheime Türen öffnen und sichtbar machen können. Der Volksmund weiß zu erzählen, dass die Schlüsselblume aus dem Garten der nordischen Göttin Freya stammt. Freya, heißt es, schließt mit ihr im Frühling die Herzen der Menschen auf, damit sie bereit sind für die neue Jahreszeit und die Strahlen der zunehmenden Sonne. Die Schlüsselblume verspricht Zugang zu verschollenen Schätzen in unserem Innern sowie zu verborgenen Reichtümern in der materiellen Welt. Es heißt, dass Feen und Elfen sich ganz besonders gerne dort aufhalten, wo die Schlüsselblume blüht. Man könnte sogar sagen, dass sie eine *Zeigerpflanze* ist für gesteigerte Naturgeister-Aktivität.

Die Schlüsselblume ist als sanfte Heilpflanze bekannt. In der Volksheilkunde trägt sie auch den Beinamen *Allerweltsheil*, was auf ihre besonderen Heilkräfte hinweist. Die Blüten der Schlüsselblume sollen als Tee getrunken gegen Kopfschmerzen helfen und wurden einst auch gegen die Beschwerden in Folge von Schlaganfällen getrunken. Man sagt der Schlüsselblume eine beruhigende und schlaffördernde Wirkung nach. Sie soll die schlechten Geister vertreiben und einen Bezug zum Göttlichen herstellen. Sie trägt die Kraft und das Licht des Frühlings in sich und ist auch ein guter Bestandteil für Schutzräucherungen bzw. für jede Räucherung, die helfen soll Kontakt mit der Anderswelt aufzunehmen.

Die Wildsammlung ist verboten!

Du brauchst:

- Einige Schlüsselblumenblüten

Anleitung

Ein Tee aus Schlüsselblumen-Blüten kann Herz und Seele öffnen, damit wir uns selbst und auch die Welt besser erkennen. Brüh einen Tee mit den Blüten auf. Besprich/besing den Tee mit folgendem Spruch und trinke ihn vor dem Schlafengehen:

Schlüsselblume, erinnere dich.
Du hast die Kraft, Türen zu öffnen.
Du kannst sichtbar machen, was sonst unsichtbar ist.
Du kannst mich sehen lassen, was ich bisher nicht sah.
Gib hinein diese Kraft. Öffne mir Herzraum und Seelentür.
Damit ich mich selbst besser verstehe.
Damit ich jetzt die richtigen Wege gehe.
Für Gute Ernte und Frieden.

Bitte gehe achtsam und sparsam mit der Schlüsselblume um, da sie als Wildpflanze in vielen Regionen fast ausgestorben ist.

› *Die Lebensaufgabe erkennen mit Holunder und Milch*

Du brauchst:

- Einen halben Liter (Pflanzen)Milch
- 2–3 Holunderblütendolden oder einen Esslöffel getrocknete Blüten

Anleitung

Erwärme die Milch (oder Pflanzenmilch), übergieße die Holunderblüten mit der heißen Milch. Lasse dies ca. 20 Minuten stehen und seihe die Blüten dann ab. Du kannst die Milch auch noch etwas süßen.

Sprich oder sing über der Milch:

Hollermütter, lasst mich sehen,
wohin meine Wege gehen.
Mich selbst zu erkennen bin ich bereit.
Welchem Ziel hab ich mich geweiht?

Gib ein wenig von der Milch, mit der Bitte um Erkenntnis, auf die Erde vor deinem Haus, am besten unter einen Hollerbusch.

Trinke die Milch vor dem Schlafengehen (um davon zu träumen) oder als Unterstützung direkt vor einem Orakel zu deiner Lebensaufgabe.

Haus- und Naturgeister

Hausgeister

Hausgeist ist eine Sammelbezeichnung für verschiedene Geist-Wesen, die gemeinsam mit den Menschen in Haus, Hof und Stall leben. Meistens sind sie unsichtbar und häufig bringen sie Glück, Wohlstand oder erleichtern die tägliche Arbeit. (Natürlich ist hier nicht von Spuk die Rede.) Sie gehen eine enge Verbindung mit Haus und Grund, den Bewohnern oder nur einzelnen Familienmitgliedern ein. Um sie gewogen zu stimmen und um ihren Schutz für Haus und Hausgemeinschaft zu erhalten, werden ihnen kleine Gaben wie Speisen, Milch, Bier oder Hochprozentiges an einem festen Ort hinterlassen, der dann gesperrt ist für andere Verwendungen. Dabei kann es sich um ein kleines Brettchen in der Nähe des Herdes, eine Stelle am Kamin oder einen Balken handeln.

Wer die Hilfe des Hausgeistes benötigt, spricht am besten indirekt in der Nähe seines Platzes so etwas wie „Man müsste dieses oder jenes tun. Jemand sollte XXX“. Meist reicht dies schon als Aufforderung an den Hausgeist, um unterstützend tätig zu werden. Auf Befehle reagiert er nicht oder sogar mit gegensätzlicher Handlung. Hausgeister wollen respektiert und wie ein geachtetes Familienmitglied behandelt werden. Wichtig ist es, ihre Gaben mit einer gewissen Regelmäßigkeit zu hinterlassen. Bei den Hausgeistern handelt es sich natürlich um körperlose Wesen, daher verzehren sie die Gaben nicht materiell, sondern nur deren Essenz. Dies bedeutet, dass Milch und Speisereste nach spätestens einem Tag und einer Nacht entfernt werden können. Hochprozentiges kann meist länger stehen bleiben. Ich gebe die Reste der Gaben meist in den Garten und vergrabe sie dort. Bedenke beim Verschenken von Speisen und Getränken, es geht hier um kleine Mengen, um Aufmerksamkeit sowie Achtung für den Hausgeist und nicht um einen vollen Teller. Auch zu große Gaben sollen vermieden werden, da Hausgeister dies als *Entlohnung* empfinden könnten und ausziehen. Wer eine enge Beziehung zu einem Hausgeist hat, braucht sich auch bei einem Umzug keine Sorgen machen, der Hausgeist zieht meistens mit. Ausnahmen sind Landgeister, die erst zu Hausgeistern wurden und darum vor allem mit dem Land, auf dem Haus und Hof sich befinden, verbunden sind und nicht mit den Bewohnern selbst.

Die Hausgeister gelten in den volkstümlichen Überlieferungen meist als dem Menschen freundlich gesonnene Wesen. Wer ihnen mit Respekt begegnet, den unterstützen und behüten sie. Wer sie vertreiben will, ruft jedoch oft Gegenwehr und Zorn hervor. An dieser Stelle möchte ich nochmal erwähnen, dass ein Ausräuchern von Land- und Hausgeistern aus schamanisch-animistischer Sicht nicht nur sinnlos ist, sondern überhaupt keine gute Idee.

So lautet der Vers eines Hausgeistes, gerichtet an einen Hausherren aus der Lüneburger Heide in einer Geschichte:

> *Laest du mick hier gahn*
> *(Lässt du mich hier leben/meinen Dingen nachgehen),*
> *Glücke schast du hahn (sollst du Glück haben).*
> *Wultu mick aver verdrieven (willst du mich aber vertreiben),*
> *Unglück warst du kriegen (wirst du Unglück erhalten).*

In diesem Vers wird auch nochmals deutlich, worum es im Hausgeisterglauben vor allem geht. Das Verhältnis zum Hausgeist soll Glück und Wohlstand im häuslichen Leben fördern und stärken.

› *Ein Platz für den Hausgeist*

Du brauchst

- Eine kleine Ecke für den Hausgeist, das kann ein kleines Brettchen am Herd sein. Ein Stein am Ofen oder eine Ecke im Gebälk.
- Eine Gabe an den Hausgeist

Anleitung

Reinige die kleine Ecke, die du dem Hausgeist widmen möchtest. Sprich laut aus, dass dies der Platz für den/die Hausgeister ist. Hinterlasse dort eine Gabe und erneuere diese immer wieder.

Wenn du Hilfe bei einem Thema brauchst, sprich in der Nähe des Hausgeister-Platzes:

Jemand müsste mal XXX.

Naturgeister

Im magischen Weltbild ist alles beseelt, auch Bäume, Flüsse, Seen, Quellen, Wälder, Berg und Tal, Feld und Wiese. Naturgeister sind diese personifizierte Beseeltheit der Natur. Sie sind körperlos und weder menschlich noch göttlich. Sie beseelen und be*geistern* die Natur als Quell-, Wasser-, Wind-, Erd-, Orts- und Baumgeister und vieles mehr. Der Glaube an Naturgeister hat sich in Brauchtum, Märchen und im Volksglauben erhalten. Elfen, Feen, Trolle, Gnome, Moosweiblein und Waldschrate, Nymphen, Nixen und Wasserpferde – sie alle und noch viele weitere gehören zu den Naturgeistern. In zahlreichen regionalen Geschichten finden sie sich, oft unter nur wenig bekannten Namen. Es kann viel Freude machen ihnen in diesen Legenden nachzuspüren. Für heutige magisch Wirkende sind Naturgeister mehr als *nur* alte Erzählungen und Märchen. Sie sind Teil einer lebendigen, wenn auch unsichtbaren Wirklichkeit. Der achtsame und harmonische Kontakt mit ihnen wirkt sich spürbar bereichernd, heilsam und segensreich auch für den modernen Menschen aus.

› *Naturgeister sehen*

Naturgeister sind normalerweise für den wachen, alltäglichen Blick unsichtbar. Im magischen Weltbild ist alles beseelt, auch Bäume, Flüsse, Seen, Quellen, Wälder, Berg und Tal, Feld und Wiese. Naturgeister sind diese personifizierte Beseeltheit der Natur. In den Mythen um Naturgeister wie Elfen, Feen, Baumgeister usw. werden neben besonderen Orten auch oft bestimmte Tageszeiten genannt, die geeignet sind, um ihnen zu begegnen und Kontakt aufzunehmen z. B. Mitternacht und die Mittagszeit, wenn die Sonne am höchsten steht.

Ein kleines Ritual für eine Begegnung während der Mittagszeit.

Du brauchst:

- Etwas Wasser zum Ausgießen
- Einen Platz in der Natur und Löwenzahnblüten für einen Kranz
- Eine Gabe für die Geister und Zeit und Geduld

Anleitung:

Begib dich in der Mittagszeit, wenn die Sonne hoch steht, an deinen gewählten Platz. Achte darauf, dass du ggf. Sonnenschutz verwendest oder entsprechend geschützt sitzt. Winde nun aus den Löwenzahnblüten einen Kranz, den du auf deinen Kopf setzt. Gieße das mitgebrachte Wasser vor dir aus. Lade die Geister des Ortes mit eigenen Worten, die von Herzen kommen sollten, dazu ein sich zu dir zu gesellen und bitte sie dich dir zu zeigen. Versichere ihnen, dass du lernen und weder dem Ort noch den Geistern schaden möchtest. Überreiche deine Gabe (d. h. sing dein Lied oder lege deine Gabe ab). Wenn du als Geschenk Müll sammeln willst, dann erledige das VOR dem Ritual. Verhalte dich nun ganz still, starre auch nicht auf deine Gabe, sondern behalte sie nur im indirekten Blickfeld. Warte ab in Stille, atme ganz ruhig und verändere so langsam deinen normalen Bewusstseinszustand. Öffne deinen Geist und deine Wahrnehmung. Sei für alles offen und lass dich überraschen.

Die Löwenzahnblüten wirken klärend, fördern die Fähigkeiten des zweiten Gesichts und stärken den Mut. All das brauchst du, um Naturgeister wahrzunehmen. Darüber hinaus signalisiert der Blütenkranz auch den Geistern, dass du mit ihnen in Kontakt treten willst.

Das Wasser gilt seit jeher als Tor in die Anderswelt. Es erleichtert den Kontakt, die Kraft und die Wahrnehmung. Außerdem ist es eine Gabe an die Pflanzenwelt und eine besondere Geste. Wasser vergießen für Geister, Götter und Ahnen ist aus vielen Kulturen und Weltgegenden als tägliche heilige Handlung überliefert. Es stärkt die Beziehung zwischen der materiellen und der geistigen Welt.

Die Gabe dient als Zeichen des guten Willens und soll das Interesse der Naturgeister wecken.

Eine Gabe an die Geister, die wahrhaftig zum Wohle wandelt

Möchtest du dich besonders mit den Landgeistern, den Hütern der Orte und anderen Naturgeistern verbinden? Wünscht du dir ihren besonderen Segen? Dann schenke ihnen etwas Wertvolles: DEINE Zeit und Aufmerksamkeit. Sammle Müll, Plastik und Zigaretten-Reste ein, wo immer du sie findest. Entsorge den Müll angemessen. Betrachte dies als deine heilige Pflicht. Es wird deine Verbindung stärken, wie kaum eine andere Gabe es vermag.

Vorschläge für Gaben an die Geister

Viele alltagsmagische Handlungen enthalten die Aufforderung: *Hinterlasse eine Gabe*. Kleine Opfergaben, die vor allem Aufmerksamkeit symbolisieren. Sie sollen die Verbindung zur Natur stärken und sind ein Zeichen für das Prinzip von Geben und Nehmen. Es ist wichtig, bei diesen Gaben zu beachten, dass sie keinen Schaden anrichten in der Tier- und Pflanzenwelt und einen Ort nicht verschmutzen. Wer sich achtsam in der Natur bewegt, für den sollte der Grundsatz gelten: Hinterlasse keine Spur. In kleinen Mengen sind dies passende Gaben an die Geister:

- Milch
- etwas Süßes
- eine Blüte
- eine Muschel
- ein schöner Stein
- etwas Räucherwerk
- etwas roter Ocker
- ein Schlückchen Bier, Wein, Met
- etwas Wasser
- etwas Kaffee
- ein Gebet
- ein Lied
- ein kleiner Schluck hochprozentiger Alkohol
- ein Gedicht und vieles mehr

In jedem Fall sollte nicht übertrieben werden. *Besser ist nichts gegeben als zu viel geopfert*, gib nichts in die Natur, das dort nicht hingehört. Und vor allem – gehe ins eigene Spüren, was die richtige Gabe ist. Folge deiner eigenen Intuition.

› *Vollmond Feenwasser*

Um Naturgeister zu sehen, braucht es Geduld und die Fähigkeit Bewusstsein und Blick in die Anderswelt senden zu können. Dieses Rezept erleichtert den Kontakt. WICHTIG – wenn du Feenwasser erhalten hast, sei achtsam und respektvoll damit. Verwende es nur zum Wohle und im Sinne der Unsichtbaren.

Du brauchst:

- Eine blaue Glasflasche, gefüllt mit Wasser
- Ein verstecktes Plätzchen, an dem Sauerklee, Weißdorn oder Schlüsselblumen blühen oder von dem du weißt (glaubst), dass hier Feen leben
- Drei Vollmondnächte (vor, am und nach dem Vollmond) – Gaben für die Feen
- Einen kleinen Stock und kleine Gaben an die Feen

Anleitung:

Bring Flasche und Gaben an den Platz. Sprich die Unsichtbaren vor Ort respektvoll an. Bitte darum, sie in Freundschaft kennenlernen und sehen zu dürfen. Lass deine Flasche für die drei Vollmondnächte vor Ort. Stecke den kleinen Stock leicht neben deine Flasche in die Erde oder lehne ihn an die Flasche. Wenn dein Stock nach drei Nächten nicht mehr steht, wurde deine Bitte abgelehnt. Verschütte das Wasser vor Ort und nimm nur die Flasche mit. Steht er noch, wurde deine Bitte erhört und du darfst das Vollmond-Feenwasser mitnehmen. Es wird dir helfen, mit den Unsichtbaren in Kontakt zu treten, z. B. indem du vor dem Seelenflug (der schamanischen Reise) einen kleinen Schluck davon trinkst, deine Augen damit betupfst, um sie besser sehen zu können, oder deine Ohren damit „wäschst", um die Anderswelt besser hören zu können. Du kannst vor dem Schlafengehen davon trinken, um von ihnen zu träumen. Gegenstände, die du für die Verbindung zum unsichtbaren Volk nutzen möchtest, kannst du damit weihen und aufladen. Um es länger haltbar zu machen, kannst du es mit Alkohol mischen.

Schlafen und Träumen

› *Ein Tee-Zauber für klare und angenehme Träume – Beifuß*

Beifußtee kann bei vielen Themen unterstützend und schützend wirken. Unter anderem heißt es, er fördert visionäres Träumen und erleichtert die klare Erinnerung daran. Wenn du verstärkt mit Träumen wirken möchtest, kannst du vor dem Schlafengehen einen Tee aus Beifuß trinken. Dieser hebt leicht die Stimmung, beruhigt und kann helfen, Träume klarer zu erleben und zu erinnern. Auch luzides Träumen kann vom Beifuß unterstützt werden.

Achtung: Beifuß wirkt wehenfördernd, daher nicht während der Schwangerschaft anwenden. Er ist als Korbblüter außerdem allergieauslösend. Bitte informiere dich über weitere Risiken und Nebenwirkungen bei Arzt, Apotheker oder Kräuterkundigen deines Vertrauens.

Du brauchst:

- Getrockneten Beifuß

Anleitung

Ca. 1 TL Beifuß-Blätter mit 200 ml heißem Wasser aufgießen und zugedeckt für 5 bis 7 Minuten ziehen lassen, dann abseihen und trinken.

Sprich oder sing über Kraut und Tee:

Beifuß, ältestes Kraut.
Einnere dich, was du versprachst.
Traum und Vision sind deine Kraft.
Kläre und stärke meinen Blick,
sicher und behütet kehr ich aus dem Schlaf zurück.

› *Gut schlafen mit Rosmarin*

Rosmarin, zu einem kleinen Kränzlein gebunden, am oder über dem Bett aufgehängt, behütet den Schlaf und sorgt für angenehme und gute Träume.

Du brauchst:

- Einige Zweige Rosmarin
- Ein Stück Band zum Kranzbinden

Anleitung:

Binde einen kleinen Kranz aus den Zweigen des Rosmarins. Sprich oder sing dabei Folgendes:

Rosmarin, erinnere dich, um deinen Segen bitte ich.
Du hast die Macht zu behüten den Schlaf.
Gib hinein deine Kraft,
für eine friedliche Nacht.

› *Ein Messer gegen Nachtmahre und Albträume*

In früheren, volksmagischen Vorstellungen wurden schlechte Träume (Albträume) von sogenannten Nachtmahren, -alben oder Druden gebracht. Zur Abwehr der schlechten Träume waren bis ins 20. Jahrhundert, besonders im süddeutschen Raum, magische Messer verbreitet. Auf ihnen waren oft 9 X-förmige Kreuze und neun Mondsicheln angebracht. Ein Sprichwort aus dem Bayerischen lautet dazu: *Neun Kreuz und neun Mo greif'n alle Deifen o.* Die Messer wurden am oder neben dem Bett platziert und mit ihnen wurde, wie unten beschrieben, über den Schlafplatz gefahren. An ihnen sollte sich der Nachtmahr schneiden und auf Nimmerwiedersehen verschwinden.

Du brauchst:

- Ein neues Messer, das nur dem Zweck dient, böse Träume fernzuhalten.

Anleitung

Besprich dieses Messer neun Mal mit folgendem Spruch:

Dieses Messer beschützt meinen Schlaf,
es schneidet ab den Traum, der mich plagt.
Ruhe und eine friedliche Nacht,
bringt es mir und hält stets Wacht.
Mit dem Segen der dreifachen Drei,
mir eine gute Nacht gewähret sei!

Schneide mit dem Messer neun Mal durch die Luft, über, unter und rund herum um deinem Schlafplatz, so als würdest du unsichtbare Fäden kappen.

› *Guter Schlaf und gegen Albträume – der Lochstein*

Auf natürliche Weise gelochte Steine werden auch Drudensteine oder Alfquarner (Elfenmühle) genannt. Ihnen werden verschiedene magische und unheilabwehrende Fähigkeiten nachgesagt. Hängt man einen Lochstein über oder ans Bett, hält er die Albträume und böse Geister fern.

Du brauchst:

- Einen Lochstein

Anleitung

Sprich über dem Stein, sodass dein Atem ihn streift:

Im Namen der heiligen Drei:
Trudenstein halte Wacht –
Behüte meinen Schlaf heut Nacht.

Hänge den Stein an einem Band an oder über dem Bett auf.

› *Gegen Ängste, für einen friedlichen Schlaf mit Melisse*

Melisse hilft inneren Frieden und Gelassenheit zu finden, besonders in Zeiten von Angst und Stress. Früher pflanzte man sie auch gerne in die Nähe der Eingangstür, um böse Geister zu vertreiben. Ein Melissentee vor dem Schlafengehen fördert den Schlaf und kann zu angenehmen Träumen verhelfen. Verstärkt wird die Wirkung, wenn Tee und Kraut besungen werden.

Du brauchst:

- Eine Tasse Melissentee

Anleitung:

Sprich oder sing über dem Tee:

Melisse, deine Zaubermacht,
mich im Schlaf behüte.
Schenkst mir eine gute Nacht,
Träume voller Güte.
So wird es sein!

› Schutz vor Albträumen und Schadenszauber mit der Erle

Das Holz der Erle gilt als zauberkräftig und als Hexenholz. Dies hat sicher mit seiner rötlichen Farbe zu tun, aber auch damit, dass die Erle häufig an eher unzugänglichen und unheimlichen Orten wächst. Der Alp ist ein bedrückende Träume, Ängste und unruhigen Schlaf verursachender Geist in der Überlieferung Nord- und Mitteleuropas. Die Bezeichnungen können sich regional auch etwas unterscheiden, z. B. *Mahr* im Niederdeutschen oder *Drud* in Süddeutschland. Es heißt, der Alp und andere Schadensgeister fürchten sich vor dem Holz der Erle, da sie in ihm gefangen werden, aber auch mit ihm verletzt werden können. Ein kleiner Besen, ein Bündel oder ein Pentagramm aus Erlenzweigen unter dem Kopfkissen oder am Bettpfosten angebracht halten den Alp fern.

Du brauchst:

- Ein kleines Bündel Erlenzweiglein, das du zu einem Besen bindest.

Anleitung

Sprich oder sing neun Mal über den Zweiglein:

Erlenzweiglein, haltet Wacht,
schützet und bewahrt den Schlaf.
In dieser und in jeder anderen Nacht!

Befestige das Bündel an deinem Bett oder lege es in die Nähe des Kopfes.

Wunschzauber

› *Wunschzauber mit der Walnuss*

Damit sich ein Wunsch so manifestiert, dass er zum Wohle wirkt.

Du brauchst:

- Zwei leere Walnusshälften
- Ein kleines Papier
- Etwas Wachs
- Etwas Wasser

Anleitung

Auszuführen bei zunehmendem Mond.

Schreibe deinen Wunsch auf ein kleines Blatt Papier. Gib etwas von dir (ein Haar, Spucke etc.) auf das Papier. Falte das Papier im Uhrzeigersinn und lege es in die leere Walnuss. Puste 3 Mal auf das Papier und in die Walnuss. Verschließe die Nuss mit wenig Wachs. Wende dich innerlich an die segnenden, höchsten Kräfte des Universums. Pflanze die Nuss in der Nähe deines Zuhauses oder in deinem Garten. Begieße die Pflanzstelle mit ein wenig Wasser.

Sprich oder sing dabei:

Mit dem Segen der Erde,
dem Segen der Himmel und dem Segen der Meere –
mögest du zum Wohle wachsen, werden und gedeihen.

Warte geduldig ab, wie sich alles zum Besten entwickelt.

Barbarazweige oder Wunschruten

Es ist ein schöner Brauch im Dezember Wunsch- oder Lebensruten zu schneiden, die dann zur Sonnenwende oder während der Weihnachtstage als Orakel anfangen zu grünen und zu blühen. Je mehr Blüten sich öffnen, umso glücklicher soll das kommende Jahr werden. Manche glauben dieser Brauch geht auf die christliche heilige Barbara zurück, andere meinen, dass der Brauch deutlich älter ist und heidnische Wurzeln hat. Sie sehen eine Verbindung zu Holle, Berchta, Hertha oder anderen Göttinnen. Durch die Verbindung zur heiligen Barbara ist im Volksbrauchtum der 4. Dezember, ihr Namenstag, der typische Tag zum Schneiden der Wunschruten. Wenn man eher nach dem Mond geht, wäre das richtige Datum der Neumond zwischen Mitte November und Mitte Dezember.

Als Wunschruten eignen sich besonders: Kirschzweige, Kornelkirschen-, Schlehen-, Haselnuss-, Mandel- oder Pflaumenzweige. Auch Apfelzweige eignen sich, sind aber etwas schwieriger zum Blühen zu bekommen als Kirschzweige. Wenn man die Zweige in den ersten Dezembertagen geschnitten und ins Haus geholt hat, besteht die Chance, dass sie um Weihnachten herum blühen, sie müssen jedoch vorher einmal Frost bekommen haben. Bevor du dich entscheidest solche Lebens- oder Wunschruten zu schneiden, solltest du dich einen kurzen Moment mit dem Baum oder Busch deiner Wahl verbinden und ihn um seinen Segen und seine Erlaubnis bitten. Du wirst spüren, ob es eine gute Idee ist, diese Äste zu schneiden, oder auch nicht. Vertraue auf dich und deine Intuition. Lasse auch eine kleine Gabe aus Saatgut, einen Apfel, Nüsse, Vogelfutter oder Ähnliches am Baum zum Dank zurück.

Neben der allgemeinen Segenskraft, die von den aufgehenden Blüten ausgehen soll, kannst du auch konkrete Wünsche in die Zweige hängen. Der Wunsch, an dessen Zweig als Erstes Knospen aufspringen und Blüten zu sehen sind, wird im nächsten Jahr in Erfüllung gehen.

› *Wunschzauber mit dem Pyrit*

Der Pyrit wird auch Katzen- oder Narrengold genannt. Er ist ein Eisenerz, mit goldgelbem Glanz und auffälliger Kristallisation. Auch wenn es sich beim Pyrit nicht um Gold handelt, so sagt man ihm doch eine magische Verbindung zu Wohlstand und Fülle nach. Mit Pyrit kann man daher Wohlstandszauber verstärken oder auch Fülle ins Leben ziehen. Gemeinsam mit dem Feuerstein lassen sich aus dem Pyrit feurige Funken schlagen und ein Feuer entzünden. Da er das Geheimnis des Feuers in sich trägt, galt er schon früh als Träger von großer magischer Kraft. Sein Name leitet sich vom griechischen *pyrites lithos* ab (*pyr – Feuer* und *Lithos – Stein*). In prähistorischen Gräbern findet er sich häufig als Grabbeigabe. Schutzamulette aus Pyrit wurden an vielen Orten der Welt hergestellt. Es heißt, dass, wenn man einen Pyrit mit einem Wunsch bespricht und den Pyrit dann als Geschenk für einen willkürlichen Finder irgendwo hinterlegt, dann erfüllt sich der Wunsch.

Du brauchst:

- Einen Pyrit

Anleitung

Sprich deinen Wunsch über dem Pyrit so, dass dein Atem ihn berührt.

Hinterlege ihn an einem Ort, an dem er gefunden werden kann.

VERSCHIEDENE SEGENS-SPRÜCHE

An die Sonne

Nach einem Gebet aus der Carmina Gadelica, einer Sammlung von Gebeten aus Schottland.

Gegrüßt seist du Grian (Sonne/Sól/Sunna)
Herrin der Jahreszeiten
Die du hoch oben die Himmel durchreist
Mit großen Schritten wanderst du sicher
durch die luftigen Höhen
Du bist die glorreiche Mutter der Sterne
Du steigst herab in den gefährlichen Ozean
Ohne Schwäche und ohne Angst
Du steigst auf aus der ruhigen Welle
Wie eine junge Königin in ihrer Blüte.

Der Friedensruf der Morrigan

Ein wunderschönes und sehr kraftvolles Gebet aus dem irischen Sagenkreis; Der Friedensruf der Morrigan, aus der 2. Schlacht von mag Tuired[33]:

Frieden im Himmel
Himmel auf Erden
Erde unter Himmel
Kraft uns allen
Ein Becher ganz voll
Voll von Honig
und Met im Überfluss
Sommer im Winter
Frieden im Himmel

9 Wellen des Segens

aus der Carmina Gadelica, einer Sammlung von Gebeten aus Schottland

Eine kleine Welle für deinen Leib,
eine kleine Welle für deine Stimme,
eine kleine Welle für deine Sprache,
eine kleine Welle für deine Bedürfnisse,
eine kleine Welle für deine Großzügigkeit,
eine kleine Welle für deinen Appetit,
eine kleine Welle für deinen Wohlstand,
eine kleine Welle für dein Leben,
eine kleine Welle für deine Gesundheit.

Neun Wellen des Segens für dich,
Neun Wellen der Spenderin des Lebens.

Das Gebet der Walküre

Inspiriert von einem Gebet aus der älteren Edda, dem Sigrdrifalied.

Heil Tag
Heil Kinder des Tags
Heil Nacht und Verwandte
Seht mit freundlichen Augen hierher zu uns
und gebt den Singenden Sieg
Heil Aesir, Heil Asynjur
Heil der fruchtbaren Erde
Wortgewandtheit und Weisheit gewährt uns
und heilkräftige Hände
solange wir leben.

Segen der Neun Maiden auf dem Heilmittelberg

Neun Maiden auf dem Berge
Neun Maiden in der See
Neun Maiden in den Himmeln
Segen bringen sie.

Der Segen der heiligen Neun (oder Drei)

Ich bitte um den Segen
der heiligen Neun
Zum Schutz
Zum Schirm
Zum Schild
Hier und dort
Und überall
Am Tag
In der Nacht
In aller Zeit.

Segen der 3 Elemente – Erde, Luft, Wasser bzw. Erde, Himmel und Meer

Der Segen der Erde unter meinen Füßen.
Der Segen der Himmel möge mich behüten.
Der Segen der Meere möge mich umspülen.
Jetzt und für alle Zeit!

Das Wyrd – Ein hereinrufendes Kraftgebet

Ich höre es in allem singen
Das Lied, das den Anfang machte
Der Klang, mit dem alles begann
Ich spüre sie, die Welle, die alles durchdringt
Ich fühle es, das Licht, das die Welten erleuchtet
Ich sehe es, das strahlende Netz, das alles verbindet
Ich weiß um das ewige Leben,
die Unsterblichkeit der Seelenkraft
Ich wurde geboren, in dem Baum,
dessen Wurzeln keiner kennt
Ich erblickte die Tiefen des Brunnens,
aus dem alles Sein stammt
Ich flog mit den Leuchtenden über diese
Und die anderen Welten
Verbunden und verbündet bin ich
Mit Gottern, Geistern und Ahnen
Ich bin in der Mitte des ewigen Gewebes und
vollkommen erfüllt von
seiner leuchtenden Kraft.
Für Gute Ernte und Frieden!

Ein Schildspruch

Gutes vor mir, Gutes hinter mir,
Gutes über mir, Gutes unter mir;
Ich bin auf dem Pfad des Guten,
Gutes ist auf meinem Weg.

Gutes kann hier ersetzt werden durch den Namen einer Gottheit oder Kraft, der du dich verbunden fühlst und unter deren Schutz du dich stellst.

Literaturverzeichnis – Bücher

- Alvarado, Denise: The Voodoo Hoodoo Spellbook. Weiser Books, San Francisco (2011)
- Bächtold-Stäubli, Hanns (Herausgeber), Hoffmann-Krayer, Eduard (Mitarbeiter): Handwörterbuch des deutschen Aberglaubens. 10 Bände, Weltbild (2008)
- Baumgarten, Anette: Nordischer Schamanismus, Der Ruf der Geister. Freya Verlag (2021)
- Beck, Wolfgang: Die Merseburger Zaubersprüche: Eine Einführung (Kleine Schriften der vereinigten Domstifter zu Merseburg und Naumburg und des Kollegialstifts Zeitz). Taschenbuch, Michael Imhof Verlag (2021)
- Bengtsson, Lasse: Felsbilder am Wasser. Verlag Marie Leidorf, Leidorf (2012)
- Cameron, M. L.: Anglo-Saxon Medicine. Cambridge University Press (1993)
- Carmichael, Alexander: Carmina Gadelica: Hymns and Incantations. Floris Books (1992)
- Casas, Starr: The Conjure Workbook Volume I, Working the Root. First Edition, Pendraig Publishing, Los Angeles (2013)
- Cockayne, Thomas Oswald: Leechdoms, Wortcunning, and Starcraft of Early England. (1866) Being a Collection of Documents Illustrating the History of Science in this Country before the Norman Conquest. Volume 1, Cambridge University Press (2012)
- Dähling, Frank, Scherb, Rainer, Klotz, Ulrich, Kühnle, Andreas, Ehlers, Martin (Herausgeber): Alltagsmagie. Riten, Schutzzauber und Bauopfer. Verlag am Klostertor, Maulbronn (2020)
- Dahlmann, Mirja: Die althochdeutschen Zaubersprüche: zwischen Heidentum und Christentum. 2. Edition, Taschenbuch, Edition Roter Drache (2020)
- Eis, Gerhard: Altdeutsche Zaubersprüche. De Gruyter, Berlin (1964)
- Gbiorczyk, Peter: Zauberglaube und Hexenprozesse in der Grafschaft Hanau-Münzenberg im 16. und 17. Jahrhundert. Shaker Verlag, Düren (2021)
- Grattan, J.H.G., Singer, Charles: Anglo-Saxon Magic and Medicine. Oxford University Press, London, New York, Toronto (1952)

- Grimm, Jacob (Autor), Kretzenbacher, Leopold (Einleitung): Deutsche Mythologie. 3 Bände, VMA (1992)
- Hampp, Irmgard: Beschwörung, Segen, Gebet. Untersuchungen zum Zauberspruch aus dem Bereich der Volksheilkunde. Hardcover, Silberburg, Stuttgart (1961)
- Hirsch, Siegrid, Grünberger, Felix: Die Kräuter in meinem Garten: 500 Heilpflanzen, 2000 Anwendungen, 1000 Rezepte, Botanik, Anbau, Magisches, Homöopathie, Hildegardmedizin, TCM, Volksheilkunde. 20. Auflage, Freya Verlag (2015)
- Holzmann, Verena: «Ich Beswer Dich Wurm Vnd Wyrmin ...»: Formen Und Typen Altdeutscher Zaubersprüche und Segen. Band 36 (Wiener Arbeiten zur Germanischen Altertumskunde und Philologie) (2001)
- Jahn, Ulrich: Die deutschen Opfergebräuche bei Ackerbau und Viehzucht. Severus Verlag, Hamburg (2011)
- Kleindienst-John, Ingrid: Hydrolate: Helfer aus dem Pflanzenreich: Sanfte Heilkräfte aus dem Pflanzenwasser. Freya Verlag (2012)
- Krause, Arnulf (Herausgeber, Kommentator, Übersetzer): Die Heldenlieder der Älteren Edda. Reclam, Ditzingen (2015)
- Kuhn, Adalbert: Indische und german. Segenssprüche. Zeitschrift für vergleichende Sprachforschung 3 (1864)
- Lindig, Erika: Hausgeister: Die Vorstellungen übernatürlicher Schützer und Helfer in der deutschen Sagenüberlieferung. (Artes Populares), Taschenbuch, New Edition, Verlag Peter Lang (1987)
- Mannhart, W.: Zauberglaube und Geheimwissen im Spiegel der Jahrhunderte. Verlag von H. Barsdorf, Leipzig (1896)
- Meyers Konversations-Lexikon. Taschenbuch, 4. Auflage. Band 5, Verlag des Bibliographischen Instituts, Leipzig/Wien (1885–1892)
- Mithen, Steven: The Singing Neanderthals: The Origins of Music, Language, Mind and Body. UK ed. Edition, W&N (2006)
- Rätsch, Christian: Der heilige Hain: Germanische Zauberpflanzen, heilige Bäume und schamanische Rituale. 5. Edition, AT Verlag (2005)
- Schäfer, Florian, Pisarek, Janin, et al.: Hausgeister! Fast vergessene Gestalten der deutschsprachigen Märchen- und Sagenwelt, 1. Auflage, Böhlau Köln (2020)

- Schilcher, Heinz, Kammerer, Susanne, Wegener, Tankred: Leitfaden Phytotherapie. Paperback, 3. Auflage, Urban&Fischer Verlag/ Elsevier (2007)
- Schöpf, Hans: Volksmagie. Styria (2001)
- Simek, Rudolf: Lexikon der germanischen Mythologie. Gebundene Ausgabe, Kröners Taschenausgaben (KTA) (2021)
- Storms, Godfrid: Anglo-Saxon Magic. Springer-Science + Business Media, B. V. (1948)
- Zautner, Andreas E.: Der gebundene Mondkalender der Germanen: Rekonstruktion eines Lunisolarkalenders nach antiken, mittelalterlichen und frühneuzeitlichen Quellen. Gebundene Ausgabe, 1. Edition, Edition Roter Drache (2018)

Literaturverzeichnis – online

- Favila, S., Kuhl, B.: Stimulating memory consolidation. NatNeurosci 17, 151–152 (2014) ***https://doi.org/10.1038/nn.3638***, letzter Zugriff Juni 2022
- gottwein.de: Gaius Julius Caesar: De bello Gallico ***https://www.gottwein.de/Lat/caes/bg6001.php#Caes.Gall.6,21***, letzter Zugriff Juni 2022
- Andreas Herrmann, Manja Zidansek, David E. Sprott, Eric R. Spangenberg: The Power of Simplicity: Processing Fluency and the Effects of Olfactory Cues on Retail Sales, Journal of Retailing, Volume 89, Issue 1, 2013, Pages 30–43, ISSN 0022-4359, ***https://doi.org/10.1016/j.jretai.2012.08.002., (https://www.sciencedirect.com/science/article/pii/S0022435912000693),*** letzter Zugriff Juni 2022
- latein.at, Gaius Julius Caesar: De bello Gallico, ***http://www.latein.at/elatein-neu/index.php?menid=ueber&autid=caesar&pgsid=50***, letzter Zugriff: Februar 2022
- Wiktionary.org: Zauber, ***https://de.wiktionary.org/wiki/Zauber***, letzter Zugriff Juni 2022

Endnoten

1 https://de.wiktionary.org/wiki/Zauber abgerufen am 02.06.2022

2 Fylgjur (pl) sind die Schutzgeister der nordischen Mythen. Die Einzahl lautet Fylgja. Mehr zur Fylgja und wie man ihr begegnen kann in Anette Baumgarten: Nordischer Schamanismus, der Ruf der Geister, Freya Verlag, 2021

3 Irmgard Hampp, Beschwörung, Segen, Gebet. Untersuchungen zum Zauberspruch aus dem Bereich der Volksheilkunde. Stgt., Silberburg 1961

4 Geis, auch geiss, ges, Pl. gessi (oder geasa) sind altirische Begriffe. Sie bezeichnen irrationale Gebote und Verbote, an deren Befolgung eine besondere Rolle oder Kraft gebunden ist. Ein Geis oder in der Mehrzahl Gessi sind mit dem Tabu zu vergleichen. Ähnliches gab es auch im römischen oder germanischen Sakralkönigtum oder bei Menschen, die sich einer Gottheit (oder einem Dienst) weihten.

5 Hoodoo ist die Bezeichnung der lebendigen afroamerikanischen Volksmagie. Praktiziert wird Hoodoo vor allem in den Südstaaten, im afroamerikanischen Teil der Bevölkerung. Es mischen sich Elemente afrikanischer und teils auch indigener amerikanischer Magie mit Einflüssen aus der europäischen Volksmagie. Hoodoo ist nicht gleichzusetzen mit Voodoo, einer Religion.

6 Mehr zur Kalenderrechung bei den Germanen: Der gebundene Mondkalender der Germanen: Andreas Zautner: Rekonstruktion eines Lunisolarkalenders nach antiken, mittelalterlichen und frühneuzeitlichen Quellen, Edition Roter Drache; 1. Edition (9. Februar 2018)

7 http://www.latein.at/elatein-neu/index.php?menid=ueber&autid=caesar&pgsid=50 zuletzt abgefragt Februar 2022.

8 Die Merseburger Zaubersprüche sind die einzigen erhaltenen althochdeutschen Zaubersprüche rein heidnischen Inhalts. Sie stammen aus einer Handschrift des 9./10. Jahrhunderts.

9 Der Wagen von Trundholm ist eine Bronzeskulptur von ca. 60 cm Länge aus der älteren nordischen Bronzezeit (um 1400 v.u.Z.) Sie besteht aus einem Pferd, das einen Wagen samt großer Sonnenscheibe zieht.

10 Eine Bevölkerungsgruppe, welche in der Bronzezeit und in der Eisenzeit in Kleinasien und Nordsyrien lebte.

11 aus https://www.gottwein.de/Lat/caes/bg6001.php#Caes.Gall.6,21 abgefragt Februar 2022

12 Die Tora (auch Thora, Torah) ist der erste Teil des Tanach, der Sammlung heiliger Schriften des Judentums.

13 altnordisch Norn (sg.), Nornar (pl.)) Schicksalsfrauen. Die drei Nornen Urd, Werdandi und Skuld befinden sich am Urd-Brunnen: „[...] sie ritzen ins Holz, [...] sie legten Bestimmungen fest, sie wählten das Leben den Menschenkindern."

14 Die Sámi sind ein indigenes Volk im Norden Fennoskandinaviens. Ihr Siedlungsgebiet erstreckt sich von der schwedischen Gemeinde Idre in der Provinz Dalarnas län im Süden über die nördlichen Teile Schwedens, Norwegens, Finnlands und im Nordosten bis zu den Küsten des Weißen Meeres und der Barentssee in Russland. Die ursprünglichen Sprachen der Sámi gehören zur Familie der uralischen Sprachen, sind also z. B. mit dem Finnischen, Ungarischen und Tundra-Nenzischen verwandt. Die russischen Sámi auf der Kola-Halbinsel werden zu den „indigenen kleinen Völkern des Nordens" gezählt. (Aus Wikipedia https://de.wikipedia.org/wiki/Samen_(Volk), abgefragt am 06.06.2022

15 Mithen, Steven: The Singing Neanderthals: The Origins of Music, Language, Mind and Body. UK ed.Edition, W&N (2006)

16 Mehr zu Wort, Klang und magischem Gesang findest du in meinem Buch: Nordischer Schamanismus, der Ruf der Geister, Freya Verlag, 2021, ab Seite 123

17 Mehr zu den Merseburger Zaubersprüchen: Wolfgang Beck: Die Merseburger Zaubersprüche: Eine Einführung (Kleine Schriften der vereinigten Domstifter zu Merseburg und Naumburg und des Kollegialstifts Zeitz) Taschenbuch, 2021

18 Ab Seite 69

19 Neun-Kräuter-Zaubergesang

20 Sammlung von Götter- und Heldengeschichten Skandinaviens

21 Krause, Arnulf (Herausgeber, Kommentator, Übersetzer): Die Heldenlieder der Älteren Edda. Reclam, Ditzingen (2015)

22 Mehr dazu auch in meinem Buch: Nordischer Schamanismus, der Ruf der Geister, Freya Verlag, 2021

23 Heinz Schilcher, Susanne Kammerer, Tankred Wegener: Leitfaden Phytotherapie. 3. Auflage, Elsevier, Urban&Fischer Verlag, 2007

24 Andreas Herrmann (Universität von St. Gallen) et al.: Journal of Retailing, doi:10.1016/j.jretai.2012.08.002

25 Urd, Verdandi und Skuld sind die drei Nornen (Schicksalsgöttinnen) der nordischen Mythologie. Sie sind Hüterinnen des Schicksals aller Wesen. Ihre Namen bedeuten Gewordenes, Werdendes und Sollendes.

26 Essige, aromatische. In: Meyers Konversations-Lexikon. 4. Auflage. Band 5, Verlag des Bibliographischen Instituts, Leipzig/Wien 1885–1892, S. 861

27 Favila, S., Kuhl, B. Stimulating memory consolidation. NatNeurosci 17, 151–152 (2014). https://doi.org/10.1038/nn.3638

28 Eis, Gerhard (1964): Altdeutsche Zaubersprüche. Berlin.

29 Eis, Gerhard (1964): Altdeutsche Zaubersprüche. Berlin.

30 Kuhn, Adalbert: Indische und german. Segenssprüche, in: Zeitschrift für vergleichende Sprachforschung 3 (1864), S. 67, 68

31 Nach C. Rätsch; Der heilige Hain

32 Hier verbindest du dich mit der höheren Macht im Universum, an die du glaubst und die dir für dieses Ritual passend erscheint. Ich wende mich hier an Freya und die neun Maiden vom Lyfjaberg.

33 Übersetzt nach: https://celt.ucc.ie//published/T300010.html zuletzt abgerufen am 03.08.2022

Fotonachweise: Adobe Stock © COVER: 7razer (Sonne u. Mond) // KERN: Alex (Hintergrund) / SweetRenie (Hintergrund) / smspsy (Hintergrund) / 7razer S. 31 / Delphotostock S. 40 / Africa Studio S. 83, 102 / nikolaydonetsk S. 125 / Ivaylo emberiza S. 142 / Dionisvera S. 143 / Tetiana (Hagebutten) S. 144 / toomler (Dornen) S. 144 / Mushy (Dornen) S. 146 / sveta S. 147 / yauhenka S. 148 / Scisetti Alfio S. 149 / spline_x S. 154 / igradesign S. 155 / cosmicanna S. 172 / dariaustiugova s. 192, 193, 222 / A_Bruno S.195 / vaitekune S. 196 / Andrii S. 204 / Анна Маршалко S. 206 / nadin333 (Goldrute) S. 207 / Liza (Eberesche) S. 207 / womue (Äpfel) S. 207 / eAlisa S. 211 / mikeosphoto S. 213 / Dionisvera (Honig) S. 224 / dule964 (Apfelschalen) S. 226 / Alexander S. 227 / Björn Wylezich S. 229 / Anastasiia Malinich S. 231 / Rhönbergfoto S. 232 / Bernd Schmidt S. 241 / kostrez S. 244 / Maria Brzostowska S. 245 / maramorosz S. 248 // S. 17 Wanderer am Weltenrand © Wikipedia